生肖驿站

三才书院
阆中风水博物馆

荣誉出品

陕西新华出版传媒集团
三秦出版社

图书在版编目（CIP）数据

生肖驿站 / 阆中风水馆著 . -- 西安 : 三秦出版社 , 2016.6

ISBN 978-7-5518-1291-7

Ⅰ . ①生… Ⅱ . ①阆… Ⅲ . ①十二生肖—文化研究 Ⅳ . ① K892.21

中国版本图书馆 CIP 数据核字 (2016) 第 149805 号

中国传统文化丛书

生肖驿站

阆中风水馆 著

出版发行 陕西新华出版传媒集团 三秦出版社
社　　址 西安市曲江新区登高路 1388 号
电　　话 （029）87205121
邮政编码 710003
责任编辑 甄仕优
校　　对 涂家文 张文朗
装帧设计 张延雨
印　　刷 三河市嵩川印刷有限公司
开　　本 710mm × 1000mm 1/16
成品尺寸 158mm × 230mm
印　　张 15.375
字　　数 130 千字
版　　次 2016 年 7 月第 1 版
2021 年 7 月第 3 次印刷
标准书号 ISBN 978-7-5518-1291-7
定　　价 69.80 元

网　　址 http://www.sqcbs.cn

引言

盛唐双奇袁天罡、李淳风晚年隐退于被称为人间仙境的四川阆中，常常一起谈风论水推测后世，并遗存有大量的天象和风水方面的书籍，尤以《推背图》久负盛名。这本书是罗修德风水大师和风水馆根据这些遗存，张记贤馆长经过多年的研究编写而成的。

阴历是世界历史上流传最久的历法，黄帝在位61年时，产生了一道十二宫历法的首轮，称为甲子，每一甲子为期六十年，由五个分期构成，每个分期为十二年，我们称为五子运。每一年都以一个动物符作标记，我们称之为生肖。古代有这样的传说，天帝九十九岁生日要所有的动物来为他祝寿，并按照这些动物到来的顺序，分别封以不同的年号作为对它们的恩赐。第一个到来的是老鼠，接着是牛、虎、兔、龙、蛇、马、羊、猴、鸡、狗、猪。每年都是由属相中的某种动物支配着，对人的一生有着重要的影响，就像民间传说中的那样："生肖是中国人内心深处的秘密。"

在为期六十年的一个甲子期中，每一种动物符都同自然界中的五行相对应。木、火、土、金、水五行分别对应木星、火星、土星、金星、水星。五行又按磁场的正负极分为两极，即中国人谓之的阴和阳。

在阴历中，昼始于子夜11时。每日24小时分别分为由两小时组成的12更。每种动物符代表1更。阴历中的动物符对人的影响也是十分强烈的。属相中的十二种动物分为阴阳两类。鼠、虎、龙、马、猴、狗属阳性，牛、兔、蛇、羊、鸡、猪属阴性。

十二种动物属相除了其表示年的五行对称外，各有其固定的五行与季节对应。猪、鼠、牛为冬天，方位北方，五行属水；虎、兔、龙为春天，方位东方，五行属木；蛇、马、羊为夏天，方位南方，五行属火；猴、鸡、狗为秋天，方位西方，五行属金。

古代圣贤说，土生万物，因为它是金、木、水、火四行合一的象征。有些算命人指土为本行，而以牛代水、龙代木、羊代火、狗代金。

不同生肖的人有着不同的特点，据说鼠年带给人们慷慨，牛年带来的是责任心及辛勤的劳作，而诞生在羊年的人“吃钱”（这是东方人描绘那些花钱大手大脚的人的普遍说法），蛇年诞生的人则漂亮、有魅力，但冷酷无情……

在没有现代观测气象方法的年代，中国人便利用了农历来预测雨、雪到来的季节。直到今日，人们仍然相信农历的真实可靠性。人们会发现，如果某年的五行标志为水，那么这

一年很可能会发生决提或洪灾，这取决于阴阳两极哪个的影响力更强些。

你也许会对春季的第一天感兴趣，黄历中谈到，这一天鸡生的蛋能立起来，请你不妨试一试。如果有缘，你会见证的。阴历中春季到来的这一天称为“立春”，通常是阳历的2月3日、4日或5日。而且阴历节气是变化无常的，某些阴历年中也许会出现两次“立春”的情况，而某些阴历年根本不存在“立春”。中国的占卜者们称无“立春”之年为“盲年”，因为人们“看”不到春季的第一天。因此，在这样的年份里人是忌讳娶亲的。

在这本小册子中，你会发现——知晓——深藏于你内心和他人内心的东西。这样，你不仅会了解你自己，而且还会知道你个人与事业的关系，知晓出生以来所有的事情。

同时这本小册子能帮助你从另外一个角度观察自己，观察你周围的人：它会使你理解主宰你的“狗”为什么会偶尔让你表现出急躁；属马的人易变、不安静特点的由来；以及为什么你的属龙朋友会盛气凌人、花钱排场；还有蛇年出生人为什么会有多疑的性格；你也许会吃惊地发现，有些工匠竟能修理各种各样的东西，而他们出生于使他们聪明智慧的猴年；另外你还会看到那些动作迟缓、自信甚至保守的银行家们，则多是出生在充满自信的牛年。

也许你读完这本书后会使自己聪明起来：听从蛇的机敏语

言，寻求羊的温柔与同情心，获得猴的聪明智慧，共享马的快乐，依靠兔的善交能力，吸取鸡的幽默，以狗的机智讲道理，带虎的雄威去抗争，以鼠的坚持不懈的耐力与人讨价还价……

《生肖驿站》将是你为人处世的指南，美满婚姻的处方，幸福生活的源泉。

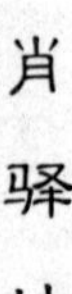

目录

我是自封的索取者，我虽渺小，但作用很大

我的品位极高，坚信必能稳步达到目标

生活对于我是个愉快的旅程，我不断地追求

勇于进取，见多识广，我是活力的源泉

我是——鼠

鼠 年

鼠年是多变的，给人们带来机遇又面临挑战。他是投机的象征，商品价格、股票价格都会起伏不定。如果准备充分，鼠年的一些冒险行为将会成功。不过，不要进行不必要的冒险。鼠年仍会受到严寒和黑夜的威胁。那些乱投机、过分冒险的人将会以失算而告终。

在这一年中，人们会心情畅快。然而，一些小争吵及讨价还价是避免不了的，这些都不会对人有什么损害。这一年很具戏剧性，大部分人喜欢交际和享受并在规范中找到方向。

属鼠人的性格

属鼠的人容易相处，工作努力，生活节俭，除非是他非常喜欢的人，否则他是不会慷慨解囊的。所以，假如你从他那里得到一件贵重的礼物，那么，他对你的评价一定是相当高的。然而，尽管他会精打细算，并以此来炫耀，但他从不需要崇拜者。

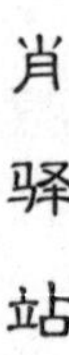

表面上，属鼠的人可能表现得沉默寡言，但实际上并非如此，他从来都不像他所表现的那么安定。实际上，他容易激动，但他能控制自己。这一点是他为什么受欢迎、并有许多朋友的最好解释。

属鼠人的性格通常是开朗的、快乐的和善于交际的。他们生性好结伙、集会，并努力加入排他性组织。按习惯，你总能在亲密的朋友圈里或同伙里找到他，他喜欢参与一切事，表现得很友好。

一个属鼠的老板可能会对他的雇员很关心，关心他们是否有足够的运动，或膳食营养是否合理。当雇员生病时，会去看望他们，把他们的问题当做自己的问题来解决。而当谈到给雇员们提高他们早就应该增加的工资时，他就开始设置障碍，变得小气起来。要想从属鼠的人身上得到钱，得经过多次谈判和讨价还价后，才能达成协定。

有时，属鼠的人明显地拉帮结伙，他们多有安全感的说法大概是有道理的。他们从不担心再多一张嘴吃饭，能够允许亲戚、朋友待在家里靠他生活。为什么呢？因为，狡猾的老鼠总能给他们找到一点事来做，以此来使他们换取衣食，叫花子和那些爱占便宜的人在他家里都变得很忙。

鼠的本性使他能够很好地保守自己的秘密，但他却是探听别人秘密的专家，他绝不会放过任何一个打听消息的机会。

属鼠的人消极的一面在于对一些小事饶舌，爱批评别人、爱计较、好找碴儿和讨价还价。他常买一些并不需要的东西，并且总是在讨价还价中把人欺骗。也许这是他的积累欲在作怪。他在房间里珍藏纪念品，他在心里隐藏忧伤往事。他很爱管闲事，用意多是好的。

属鼠的人记忆力很好，非常爱提问题，独具慧眼。他几乎了解周围的每一个人、每一件事，把它记录下来，并把这些当做是自己的嗜好。因此，属鼠的人成为优秀作家并不令人吃惊。

这一年出生的人无论做什么事情都会成功，因为他像他的属相一样会随机应变。他有克服困难的能力，并能临危不惧。由于他的冷静和机警，他具有敏锐的直觉、远见和做生意的敏感，灾难只能使他智慧更加出众。他总是在忙着制订自己

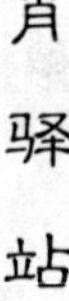

的计划。

请不必为他的安全担忧，在做交易之前，他早已想好退路，如果万一发生不测，他会及时地退出来。自卫的本能在他的心中是占第一位的，他通常采用风险最小的方案。野心过大是他前进中的绊脚石，如果他能扬长避短是能完成人生大业的。

鼠的出生时辰对属鼠人的生活方式有很大影响。在晚上出生的人要比白天出生的显得更热烈、更激动。

属鼠人易受属牛人的吸引，他会发现属牛的人不但是可依靠的强者，他们所奉献的忠诚同样令人赞赏。同样，属龙的人也同属鼠的人很友好。他们还会发现机警的属蛇人也是具有吸引力的，可能会与他结成适当的联盟。由于权力所控，所以属鼠人会迷恋不可抵挡的猴子，很赞赏聪明猴子的办事方式；另一方面，猴子会非常高兴地让老鼠按他的旨意去说话做事。属鼠的人与属虎属狗属猪或另一个属鼠的人之间将会和睦相处。

他与属马的人之间会有很大冲突，属马的人对喜欢拉帮结伙的属鼠人来说显得非常独立，并且使人捉摸不定。对属鼠的人来说与属鸡的人结婚是不明智的，因为酷爱幻想的属鸡人会无休止地激怒讲求实际的属鼠人。与属羊人结婚也存在很多问题，仁慈的属羊人也许会把属鼠人用艰苦劳动换来的积蓄挥霍掉。

属鼠人的儿童

出生在鼠年的孩子很活泼，很招人喜欢。他经常用哭闹的方式引起人们的注意。虽然他气质迷人，但他们却有很强的占有父母感情的欲望，嫉妒父母注意其他人。

属鼠的孩子讲话早，喜欢吃零食，对烹饪和家务事感兴趣。由于他感情丰富和性格外向，不愿被人冷落，他乐于和小朋友们一起玩，能够细致地、集中精力地做事情，并容易结交朋友。他们能够把东西摆放整齐，并能随时找到所需要的东西。

属鼠的孩子很早就呈现出算计别人的天性，他会设法得到大的那一半苹果。他学东西很快，一眼就能看出的其中奥秘。他会按期清点他所有的东西。因此，你不要认为他不会想起那件旧玩具，就随便把它送人，因为自私的小老鼠不会轻易丢掉任何东西。

和比他小的孩子在一起时，属鼠的孩子表现出母亲般的温情。在学校里，当他们得到适当的鼓励时便会雄心勃勃。他们会积极参加那些开发智力的活动。

活泼的属鼠人酷爱读书，他很早就能学会认字并能很好地表达自己的思想。世界上许多伟大的作家和历史学家都是在鼠年出生的。

属鼠人的五种类型

金鼠——1900 年 1960 年 2020 年

这种属鼠的人思想可能是主观主义的。他的讲演是生动的，常伴有某种姿势。他的感情是强烈的，但他可以掩饰起感情以显出快乐迷人的性格。事实上，他很容易嫉妒、愤怒，占有欲极强。

他的看法只限于他能感觉到的东西。他爱钱但不会把钱存起来，如果他能买到物美价廉的东西，他是会把钱花掉的。他懂得如何进行投资，不会像具有其他要素的属鼠人那样浪漫，但他还是敏感的、有道德的。

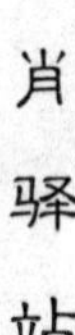

他喜欢引人注目，尽量把家庭装饰得富丽堂皇。他酷爱戏剧和热闹的场面，具有鉴赏力。他的行动是敏捷的。如果他能控制住自己的占有欲，那么他就会被具有正义感的人们所了解和喜欢。总的来说，这种属鼠的人是很有前途的人。

水鼠——1912 年 1972 年 2032 年

这种属鼠的人擅长脑力劳动，他见多识广，并与各阶层的人士都有密切关系。很随和并能谅解别人，因而很受人尊重。这种属鼠的人会竭尽全力地在他的势力范围内扩大影响。能很快地领会其他人的好恶，并知道怎样使对他有用的人高兴。他也许不太善于辨别，愿意同任何人联系，这样也许会使他遇到一些麻烦，他会在工作中加深修养，永无止境地学习。

木鼠——1924 年 1984 年 2044 年

这种属鼠人是进步的，非常友好的，在事业上也易于成功。他努力探讨一切，能够使物尽其才。他有远见，并对事情发生的原因很感兴趣。十分关心他人，因为他需要别人的钦佩和赞同。

他有自己的原则，知道应该做什么。他对制度的规定很严格，但为了达到他的目的却又很灵活。他喜欢安全并常为前途而担忧，这是他为什么努力工作的原因之一。

他很自信、很内行，对他所从事的事情很精通。他很健谈，这无疑促进了某种思想或计划的实施，大胆地为自己的冒险击鼓助威。

火鼠——1936 年 1996 年 2056 年

这种属鼠的人很精干，并有骑士风度，他喜欢参加各种活动。他可能是一种慷慨型的人。他虽然精力充沛、点子多，但他缺乏外交感，有时对他所需要的援助表现得很迟钝。他是个纪律松散的家伙，不善于动脑子，好感情用事。他深深地爱着自己的家庭和亲友，一旦发觉周围的一切使他无法忍受时，他就会毅然离去，到一个开放自由的环境去。

他是独立的，并且有很强的竞争性。他不满足于维持现状，因而他的财产也许会经常变化，有时变化很大。

土鼠——1948 年 2008 年 2068 年

这种类型的人成熟早，对他来说幸福和满足常在。他的积

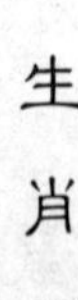

极性能够得以发挥，他的才能被人们所承认。他很现实，受梦想和期望所左右。

他喜欢与每个人保持良好的关系，他愿意在有好朋友的地方长期工作。他能从零开始学习一个新学科，他能善始善终。消极的一面：他争强好胜，自认为公正善良，但却不能容忍别人不听从他的指挥。

名誉和形象对他来说至关重要，但对他所爱的人他是谅解的，并且采取保护的态度。他有很高的物质标准，总是以自己的成功与同代人比较。这种人可能由于过分实际而变得很小气。

他从不赌博，也很少投机，结果是他的财产会慢慢增加；他信守诺言，并且希望他的同事们也是如此。

属鼠人与时辰的对应关系

子时出生——午夜 11 时至凌晨 1 时

他非常可爱、迷人，但有些傲慢，是个以家庭为中心的人，并适于成为作家。

丑时出生——凌晨 1 时至 3 时

这种人是严肃、行动缓慢、稳重的人，他的赌博本能被牛的告诫所限制。

寅时出生——凌晨 3 时至 5 时

这种人好斗、专横，能获取丰富的果实，如果他能节省一些钱，一切都会变好，而省钱恰恰是虎属相所不乐意的。

卯时出生——早晨 5 时至 7 时

他也许是一个温顺的、说话慢声细语的人，但他更擅长算计，鼠的魅力和兔的聪明结合将使这种人处于不可战胜的地位。

辰时出生——早晨 7 时至 9 时

这种人是挥霍型的，他很大方，有时超出他的经济能力，他有时会给你一笔货款而又后悔，龙的坚强意志和鼠的赚钱才干会使他在生意中立于不败之地。

巳时出生——上午 9 时至上午 11 时

他会有隐藏的崇拜者，他擅长探听他人心中的秘密，蛇的本性使他能够提防潜在的危险。

午时出生——上午 11 时至下午 1 时

这是一种精力充沛、胆子很大的人。他的一生中将伴有许多风险。马的捉摸不定的本性可能使他的爱情道路非常坎坷。

未时出生——下午 1 时至 3 时

这种人过于伤感，他高雅的气质会大大地冲淡他赚钱的嗜好。既然羊和鼠都是投机主义者，那么他一定是善于权术的人。

申时出生——下午 3 时至 5 时

他非常有事业心，从书本上学到的一切知识，他都会用以实践，他说话很有幽默感。

酉时出生——下午5时至7时

他很能干，理解力很强，但骄傲自满。他有节约的本性，但也有不会计划开支的弱点。由于他具有管理的天分，所以他会在经营别人的买卖中，使自己摆脱贫困。

戌时出生——晚7时至9时

狗的本性使他尽量公正、无偏见，而鼠渴望财富的本性违背着狗的高尚品格。尽管如此，在这种人中还是可以产生出伟大的作家、哲学家、新闻学家，不过他们的作品是尖刻的。

亥时出生——晚9时至11时

这种人讨厌猪的瞻前顾后的本性，但又无法摆脱它，这会使他面对不利的形势踌躇不前。他也许以一个老好人而告终，但不会受到人们的感谢，除非他非常聪明。

属鼠人在其他生肖年中怎样度过

鼠年：对于属鼠的人来说是繁荣的一年，他可以期望在事业上获得进展。这一年几乎没有疾病使他烦恼，他可以获得意想不到的收获和金钱。

牛年：尚好的一年。虽然收获不是显而易见的，但对他的家庭不失为光明、幸福的一年。他会间接地从他人的财富中获益。在他的工作中可能会有压力，他的责任要比往年的大。

虎年：这一年投机是不安全的。容易被人误解或被迫违心地做一些事情。

兔年：安稳平静的一年。不过，有必要小心自己的钱财。在家庭和工作中也许会有些误会，但会结交新的业务关系。这一年他的家庭成员会增加。

龙年：非常好的一年。生意兴隆，很有前途。这一年他的收入是平稳的，或许得到提升。但当他的成绩被社会承认后，要小心结交新朋友，因为这些新朋友总是想利用他。

蛇年：多种因素混合的一年。在投资上要十分小心。他被疾病或破财的阴影笼罩着。运气将会在年底好转，也许会弥补些损失。

马年：困难在等待着他。他在做各种决策时不得不非常保守。有些事会迫使他请客、挥霍钱财，或卷入法律诉讼的案件中去。他或许会欠债或不能收回他应有的财产。这年谈恋爱也不会有什么结果。

羊年：今年的财政会得到一些恢复，并会取得一些成绩，事业顺利。然而，不经过一些变动，他的计划是不会全部实现的。他能发现和利用各种机会。

猴年：家庭事业不会出现麻烦。工作会有成效。他得到的好消息要多于坏消息。然而他今年应避免与人结怨，以免将来遭到报复。

鸡年：喜庆的事情等待着他。这年是结婚和结交新伙伴的好机会。这是令人非常兴奋的一年，喜事可能在一夜之间降临。由于他忙于计划而履行诺言，所以必须保重身体，不要劳累工作。

狗年：这一年是很不愉快的、祸不单行。他可能在旅行中就得到坏消息，他没有能力改变这一切。由于有许多未了结的事情牵扯着他的精力，所以他今年很烦恼、焦虑。在这种时候一定要耐心、谨慎。

猪年：做生意和投资不会有很大的进展，这时候需要巩固他的成绩。朋友或家中成员会过多消耗他的时间和金钱。如不小心，就会旧病复发。

不同的婚姻相配状况12例

鼠+鼠

共同点未免太多，他们都是真心实意的，并迷恋家庭生活。但是他们太相似了，互相也太了解了，他们会因此而苦恼。鼠丈夫可能比鼠太太更随和，这种性格的两人会非常热切的相互注视，却未必喜欢更进一步的接近。

鼠+牛

幸福的婚配。充满深情的鼠丈夫对常为安全问题提心吊胆的牛太太是颇具吸引力的。他能很好地赡养家庭。她本分、能干、可信赖。她热切地关注他的一切需要，为他把家庭料理得

井井有条。在这种安排下，他们无疑会互相称赞。

鼠＋虎

他富于成就感，是个顾家的男人。她充满柔情、心地宽宏、不落俗套。他们会有很多共同点，诸如喜欢交际、充满活力、兴趣广泛等。他追求权利和财富，她则喜欢权利和财富带来的显赫和被人认可。他们基本上是乐观的。

鼠＋兔

也许并非是最佳选择。双方都是富有魅力的、愉快的。但都不是无私的和乐于为他人奉献的人。但持久不变的共处会使双方感不到满足。

鼠＋龙

他们都有勇气，并且果断。这对婚配有一个光明的未来。他们谁也不会过分的限制对方。鼠丈夫会发现他的龙太太是一个很值得赞美的伴侣。他们将会更多地看到生活的美好，并从这婚姻中获得极大的满足。

鼠＋蛇

两人都有占有欲，都很现实，所以能找出对方的优点来对双方的关系进行必要的调节。鼠丈夫很看重蛇太太的明朗和坚韧，蛇太太也认为鼠丈夫有不凡的抱负和聪慧，很适宜与他共建家庭。

鼠＋马

两人都有独立自主和积极主动的精神。但他对她的不安定和前后矛盾的性格非常厌倦。他们对于对方的思维方式无法理解，也不能同甘共苦。

鼠+羊

鼠未必愿意与一个不切实际的羊太太共建家庭。鼠丈夫会发现她太奢侈，无法供给得起。她认为他太精明，不合她的口味，并因此而深感失望。

鼠+猴

非常相和。他迷恋她的灵巧与娇媚，她钦佩他的能干和进取心。他们都有成功意识，将互相扶持，把对方推上成功的阶梯。

鼠+鸡

很难相处。她总是挑剔他的短处，并认为自己是出于好意。他却无法容忍她的怪癖和过分。

鼠+狗

他们都喜欢安宁和独立。鼠先生精力充沛工作勤奋，狗太太忠实而机灵。这种婚配也存在危险，那就是如果两人都一味向对方让步的话，双方将都会感到索然无味。

鼠+猪

他们都醉心于生活，彼此具有吸引力，但他们都过于乐观和直率，会使好运走过了头。要保证他们婚姻的成功，尚需要某种凝聚力。

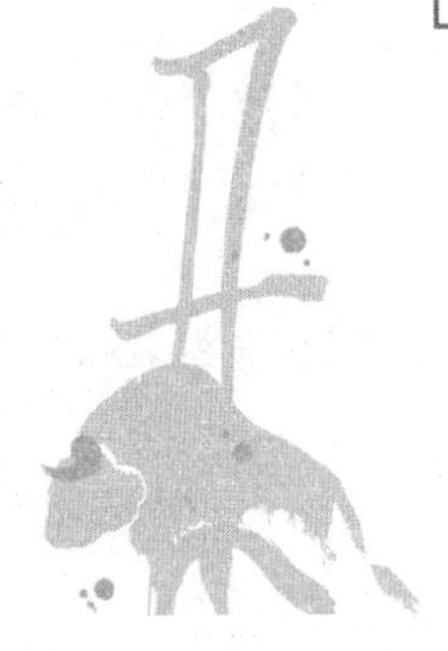

我的力量能使人感到安定，推动生活不断向前

面对逆境的考验，我巍然屹立

我承受着正义的重负，遵循着自然的法则

坚忍不拔地推动着命运的年轮

我将这样谱写成生活的凯歌

我是——牛

牛 年

牛年我们会感动责任和压力的降临，如果不付出努力就不能获得成功。

这一年一定会有成果，深信“只有耕耘，才有收获”“信心和团结比什么都重要”。如果我们懒于播种，那么就不能责备没有收获，他就会出现许多值得注意的东西，并且要做的事情也好像无穷无尽。我们付出的努力将会得到报酬，但是要牢记要按规律办事。这一年不适合走捷径。

虽然性情沉默的属牛人说起话来慢声细语，但在他们的手中却提着象征武力的大棒。

属牛人的性格

牛年出生的人要通过艰苦的努力才能获得成功。他们诚实、可靠、安静、有条理。但他固执，有时很偏见，要改变他们观点是很难的。

由于属牛人很稳重并靠得住，他会得到权威人士和领导者的信任，哪里有责任哪里就有他。但他应该小心谨慎，不要被胜利冲昏头脑。

他那不屈不挠的性格和逻辑很强的头脑，被朴素整洁的外表所掩饰；聪明、灵巧被沉默寡言和矜持所掩盖。尽管他基本上属于内向型人，但他强有力的本性使他在机会来临之时变成一个威严、雄辩的演说家。在混乱时刻，他那临危不惧，不怕惊吓的品质和天生的自信会恢复秩序。

他用天真的思想来理解别人心中的秘密。他不能完全理解别人的感情，很少用诱惑的方式来获取爱情。在他的生活中很少看到柔情、诗意和月光小夜曲。甚至他送的礼物也是一些结实耐用的东西。

除了以上优秀品质外，属牛人的不满情绪是慢慢产生的，他记忆力长久、精确，如果你伤害了他，他会记住每一个细节。面对逆境，虎、鸡或鼠等属相的人都会产生激烈的抱怨，而羊和兔则会由于生闷气而变得郁郁寡欢。属牛人却相反，他会用努力工作来减轻痛苦和紧张。如果是在爱情上失败，将会使他永远埋头工作，并以独身生活来拒绝再次到来的“危险”。

属牛人不喜欢欠债，他付给你的欠款会精确到小数点后最后一位，他对你也有同样的要求。如果他亏欠你什么东西又没有向你表示明确感激，他将永远不会原谅自己。从他那里得不到过多空洞的感谢话，他对美丽的词句和过分的奉承感到不舒服，认为有损于他的尊严。他能说到做到，这就是属牛人的性格。

在家里，他的话就是法，他知道如何下命令使人遵循。总希望别人能严格执行他的指令。尽管他十分喜欢他的家庭，并引以为豪，但对家庭成员的要求很高。虽然他不易被感情所动，但他还是一个能为家庭康乐而做出很大牺牲的人。

白天出生的牛比静夜出生的牛更积极、更好斗。冬天出生的牛比夏天出生的牛生活更艰难、更贫困。

这个属相的本性是脚踏实地，从不感情用事。如果你想在打官司中胜利，就要利用理想和智慧。在一些事情上，如果你征求他的意见，他总是支持又可靠、确切有把握的方案。属牛

人很自信，不妥协，他蔑视别人的软弱。

属牛人具有天生的领导才能，他很会用纪律约束别人，而且过于严厉。他不适合从事公共关系、外交和精细工作。然而他的诚实、不做作和坚实的原则性很受人尊敬、爱戴。他使所有下属变得很忠诚，因为没有他干不了的事。

属牛人不喜欢半途而废。他小心而又诚心诚意地坚持把事情做到底。他那坚毅性格的基因会遗传给他的孙子后代，尽管他们不是同一个属相。

在十二属相中，绚丽多彩的鸡会给牛有秩序的生活带来阳光，并成为他的极好伙伴。双方都尊重权威人士喜欢高效率，并具有很强的献身精神。这些共同的品德使他们结合起来能够与牛和谐相处。能够与牛和谐相处的属相还有充满深情的鼠或聪明的蛇，两者都会深深地关心可靠的牛。龙、兔、牛、马、猪、猴和牛比较融洽，但程度稍差。属狗的人觉得他太乏味，并批评他没有幽默感。牛本身不会介意任性的羊或爱热闹事的虎陪伴着他，这两种人会怨恨牛对他们的管辖。

属牛人所享有的成功完全是靠他自己的力量换来的。总而言之，强大、守纪律的属牛人不愿意在生活中放荡不羁，这个不屈不挠的属牛人将通过自己的努力以一个胜利者的态度出现。

属牛人的儿童

他是个不爱哭叫、意志异常坚韧的孩子，能够经受各种困难。是个粗鲁而朴实的个人英雄主义者。他讲话较晚并喜欢用拳头解决问题。由于固执和不退让，他能闹得天翻地覆。当他全神贯注地做一件事时，不会注意每个细节。对他有用的东西他能坚持到底，决不退让。

他很遵守纪律，实际上他给你也订计划。他会坚持每一天在同一时间开饭，从不挑食。他在有规律的环境下茁壮成长。属牛的女孩喜欢有秩序和整洁的家庭。

属牛的孩子喜欢在母亲或老师不在的时候负起责任，并且对别人的过错持严厉而不同情的态度。他通常会给你提出一个公正的意见，因为他不随波逐流，不被奉承所欺骗。与其用贿赂或恳求的方式要他做某事，不如简单地告诉他“这是命令！”更为有效。他有争论的本性，但在他服从你之前你必须得到他的尊重。

他非常需要辨别力强的家长、老师和家中其他成员的支持。

在学校里，他可能是模范学生，因为他不是违反校纪的人。他对生活严肃、认真的态度，使他尽量避免开玩笑与扮小丑。

总之，他是可靠的、负责的。他得到家长的尊敬，也受到同龄人的爱戴。属牛的孩子既是一个极好的领导者，又是一个杰出的追随着，他是两方面杰出的榜样，并能很好地履行其职责。

属牛人的五种类型

金牛——1961 年 2021 年 2081 年

这种类型的人将与其他人发生很强的意识冲突，甚至对有不同看法的上级也是如此。他能很清楚地表达自己的思想，强烈并且坚决。他从不因为表达不清而被人指责，他会不惜代价地固执己见。他在关键时刻会变得善于雄辩。当突然需要他加速工作时，他会把精力用到极点。

他没有温柔的性格，但有学者的风度，是一个古典音乐及艺术的热爱者。他有很强的责任感，能够说话算数。

有时，他倾向于使用暴力，并能孤军作战。当被成功的希望迷惑的时候，将会变成一个攻克目标的狂热者。由于顽固和骄傲，他不知道还有“失败”二字。他的耐力很强，不太需要休息或娱乐。

水牛——1913 年 1973 年 2033 年

这是一个现实多于理想的人，耐心、实际、野心勃勃、冷酷无情。他有机警的头脑和敏锐的价值感。他能使物尽其用，人尽其才，并能作出很多卓著的贡献，因为他知道怎样等待时机和组织活动。

这种人更有理想、更灵活并善于纳谏，他最关心的是改变他的地位，在他的前进道路上，将高举规则和秩序的大旗。

假如他不那么严厉，不对其他人要求过高的话，那么他将通过与他人一样努力工作而提高自己的地位，并毫无困难地掌握自己的航程。他能同时集中于几个目标，并能以他那有条不紊的冷静、耐力和决心迎难而上。

木牛——1925 年 1985 年 2045 年

这种人不太严厉。如果说他不能体谅其他人的感情的话，至少他能意识到自己的感情。他比其他属牛人反映要迅速。他在社交方面可能要仁慈一点，人们会钦佩他的正直和道德。他会比其他人更能表现自己。

如果给他机会和动力，他会接受新的进步观点。他不太固执，并能认可好的观点。

如果他能建立并发展可观的产业的话，那么他将能得到很高的地位，能够积累财富，并博得声望，他有很大的干劲，并能最大程度地利用他的潜力。他能与人合作，是一个很有合作头脑的人。

火牛——1937 年 1997 年 2057 年

这是一个易激动的人物。权威人物对他有吸引力。他有天生的暴脾气和好控制别人的本性，比其他属牛人更有力、更自信。他是实利主义者，并会有优越感，他很客观并直言不讳，对那些敢于反对他的人十分严厉。

他可能会一反勤奋的常态而动用武力，甚至于向他的对手全面开战，他趋向于过高地估价自己的能力，并可能缺乏耐心或很少去考虑其他人的感情。他基本上是一个诚实、公正廉明、尽量避免利用别人的人。他是家中的好劳力，因为他很乐于保护他所爱的人。

土牛——1949 年 2009 年 2069 年

这种人的耐力强、创造力稍差，他总是忠于职守。他知道自己的局限性，能在相当年轻的时候就认识到自己的缺陷，他会为所决定从事的事业而辛勤地工作。他牢记安全稳定这两个准则，并能使他的工作卓越有效。

虽然他的本能可能不太敏感或充满激情，但他的爱情却诚实而持久，他对所爱的人忠贞不渝。

他一直都在为不断提高地位而奋斗，并能承受困难和痛苦毫无怨言。由于有目标、有决心，这种人会勇往直前，他也许是这五种人中反应最慢的一种，但也是最可靠的一种人。

属牛人与时辰的对应关系

子时出生——午夜 11 时至凌晨 1 时

这是一种比较有情感的人。鼠的迷人之处软化了他，他会变得更加柔顺，更爱说话。他很痛惜被损坏的东西，并很在乎他所有的财物。

丑时出生——凌晨 1 时至 3 时

优秀的男人类型。如果有一个脚肢很长，他会把它割掉，有天赋的意志力和献身精神。他的幽默感和想象力较差。

寅时出生——凌晨 3 时至 5 时

他是个性格活泼、有吸引力的人，他从不感到害羞或用细声慢语说话。有必要提一下，要当心他的坏脾气。

卯时出生——早晨 5 时至 7 时

很难使这种人改变看法，他做事较为细心，很注重外交手段。他很斯文，善于收集艺术和古玩。且不喜欢紧张工作。

辰时出生——早晨 7 时至 9 时

他的能量很大，足以能完成他的野心，遗憾的是他太固执己见，否则，他会取得更大成就。

巳时出生——上午 9 时至上午 11 时

这是由两个守口如瓶属相组成的，他不接受别人的劝告。他是个爱猜测而又孤僻的家伙。

午时出生——中午 11 时至下午 1 时

这是一个比较快乐的人。他像马那样变化无常，甚至喜欢跳舞。然而，易变的马可能会使他偏离目标。

未时出生——下午 1 时至 3 时

这是一个喜欢艺术的人。性格温柔，很宽厚，接受能力很强。他具有商人头脑，有靠赚钱的意识。

申时出生——下午 3 时至 5 时

这是一个机警、快活的人。他不会对自己的问题过于认真。受猴属相的影响，他总是采取秘密对策。

酉时出生——下午 5 时至 7 时

精干、有责任感，采取行动前他会进行许多论证。他会使用丰富多彩的语言技能代替只用武力解决问题的方式。他是一个介于武士和说教者之间的人。

戌时出生——晚 7 时至 9 时

严厉的说教者。如果不被狗的平静性格所影响，那么他完全是一个令人厌烦的人。这时出生的人不太偏见，能听取意见，运气不错。

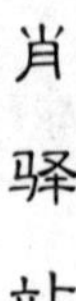

亥时出生——晚 9 时至 11 时

他是充满深情的人。虽然保守但仍需要认真对付。他缺乏必要的信心，常常逼迫别人。他那勤勉的品质与猪的好吃懒做正好相配。

属牛人在其他生肖年中怎样度过

鼠年：对他来说是平稳的、繁荣的一年。他在工作中很走运。先前的麻烦会逐渐消失。他的工作得到承认，可能接受新的重要任务。家里将有喜庆之事。

牛年：尽管他的计划可能在这一年被推迟，并且会有意想不到的困难出现，但总的还是不错的。这一年结婚或结交新朋友都很吉利。在他家里会有婴儿降生，或者他会花更多的时间与孩子们在一起。这一年会有些不情愿的外出或说客，但不会有什么大问题。

虎年：困难的一年。属牛人会受到各方面的阻碍，但他能够征服困难。在还看不到事情的结果时，要耐心，不要失望。这是属牛人重新估计自己所处地位的时候，这一年不应进行不必要的冒险和投资。

兔年：对属牛人来说是较好的一年，能够解决一些问题，但还有许多事不能了结。他的有些投资可能会徒劳或不能收回欠款。他可能会由于亲近人的离去而悲伤，但不会影响他的健康。进步是稳定的。

龙年：适中的一年。因为许多变化或意想不到的麻烦使他很忙碌。计划会实现但不能那么快。尽管能结识一些能够帮助他并很有影响的人物，但还要靠自己不懈的努力。

蛇年：好机会即将来到，他会觉得赚钱很容易，一切都在他力所能及的范围内。消极的一面是他或许受一些人的误解，或发现有朋友背叛他，如果能进行公开谈判，一切问题都会得到解决。

马年：不安定的一年。爱情上并不乐观，有些关于金钱的

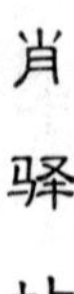

事使他烦恼。这一年会疾病缠身，以至不能兑现他的许诺。最黑暗的时刻会在秋天过去，此时应做巩固和保护自己的打算。

羊年：尽管收到好消息会使他信心增加，但这年还是不会有大进展。没有疾病或大争吵，他的家庭相对平和。然而他不应过分乐观，因为他可能会丢掉他认为已经得到的钱财和其他一些东西。

猴年：这一年是幸运和繁荣的，他会受到重要人物的欢迎或宽待。家里有好消息。新工作或新提升在等待着他。新的冒险或合作关系就在面前。

鸡年：尽管他可能在生活中经历一个奇怪的小插曲，这一年对属牛人来说还是适中的、快乐的，对他会有成就。但要警惕收不回钱财或被朋友欺骗。

狗年：尽管这一年的问题似乎较多，但实际上没有那么严重，他会有一个比较好的年景，因为那些危险情况不再继续发展，道路上的障碍和敌对者都被清除了。他也许会暂时离开家和所爱的人。

猪年：繁忙的一年在等待着他。认真的努力工作并不能换来什么结果。但也不必因此而烦恼，他的努力为以后的发展奠定了基础。他会生活得很愉快，因为使他烦恼的都是一些小问题。

不同的婚姻相配状况12例

牛+鼠

他是值得信赖的，总是充足地供应家里的物质需要。她对他钟情而溺爱，总用他所喜欢的方式安排家庭的一切。这是非常满足、相互间能给予幸福的一对。他强健、沉默寡言，喜欢被善良的妻子所钦佩，让她替他担心，而她满足于他提供给她的安全感格外稳定。两人都没有什么可抱怨的。

牛+牛

两个人都勤奋，严肃到阴沉的程度，他们都不够灵活和乐观。他们的婚姻可能因双方都呈现出太多的消极面而结束。

牛+虎

他对成功和成就充满兴趣。她却只对自己感兴趣。他有实践精神、有组织能力和稳定性。她认为他太有远见、太倔强，她感到自己受到忽略时很爱发脾气。而牛丈夫也控制不住自己的怒气。他们没有共同之处，无法互相理解。

牛+兔

兔太太感到牛丈夫最沉稳、实在而可信赖。兔太太喜欢交际、富有同情心、温柔。他是严格的，会因她的没有条理而指责她，她会因此变得内向和过于敏感，但是为相互了解而做出努力还是非常值得的。如果他们能做一些调整的话，他们的婚

姻将是令人满意的。

牛＋龙

不够和睦，对于开拓型的龙夫人来说，牛丈夫太迟缓，太深思熟虑和有条不紊了。他能够使她更坚强些，但她将仍然时不时地做出轻率、大胆的事。两个人性格都很强，如果他们能够互相尊重和相互称赞的话，进行调整关系的努力还是可能的。

牛＋蛇

是幸福美满、白头偕老的一对。牛丈夫要求高标准的成功，蛇太太有着同样的野心和对实利的需要。她赏识他提供给她的舒适与奢华，他喜欢她的彬彬有礼和体面，以及非常善于理财。他们能够从对方的关系中获得满足，对于她，他是力量的源泉，而他则是因她感到骄傲和喜悦。

牛＋马

不太理想。她无忧无虑无拘无束，他勤勤恳恳脚踏实地。他想要一个有条有理愉快的家，她却不安静，忙得不能待在一个地方。想使双方协调起来颇为艰难。

牛＋羊

他兢兢业业、不屈不挠，是她的保护者；她则多愁善感并且任性。他积蓄；她却挥霍。他强健而果断；她柔弱而不可靠，且喜欢受人庇护；他却不体贴。两人间会出现粗暴的争吵。

牛 + 猴

他们都自信，都知道自己想要的是什么，但可能并没有想对方之所想。他朴实、认真、注重实际；她妩媚、复杂、自私自利。两人难于找到共同点。

牛 + 鸡

他们在工作上是勤奋努力的，他们都热衷于从事组织工作，都能接受批评。无论对工作和家庭事务，都能井井有条的处理好。他们喜欢享乐和高雅的消遣。

牛 + 狗

他追求财富和声誉。她大方、谦逊，是个忠实的妻子，当他冷酷地将她推开时，她将难以容忍。她发现他太死板，太冷漠无情，不合她的口味。而他也受不了她那过分的好奇心和嘲讽式的口吻，如果不是这样的话他们还是能合得来的。

牛 + 猪

他们都有极好的性格，而且甚为相合。他严肃、举止得体，能为自己确立成功的方向，她耐心、热忱、富于自我牺牲精神。他勤奋地工作，而她以充分的信赖支持和鼓励他。她比他的趣味更丰富、更享受感官欢乐、更坦率，但她也理解他的需要。与她在一起，他能少一些沉默和倔强。

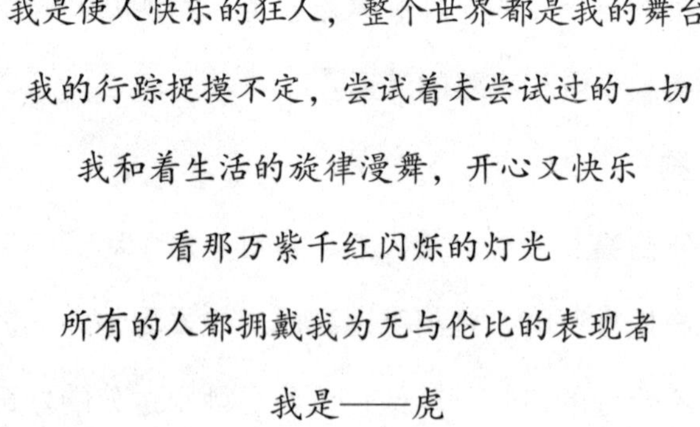

我是使人快乐的狂人，整个世界都是我的舞台

我的行踪捉摸不定，尝试着未尝试过的一切

我和着生活的旋律漫舞，开心又快乐

看那万紫千红闪烁的灯光

所有的人都拥戴我为无与伦比的表现者

我是——虎

虎 年

这一年是爆炸性的一年，本年的序幕在轰轰烈烈中拉开，这年是战争、争执和灾难的象征，但也是大胆尝试的一年。

任何事情都不会在战战兢兢中完成，而会被推到极点。财富易得，又易失。如果你想投机，就要下大赌注，但是要明白形势对你是不利的。

由于一时的冲动，人们会做出极端的、戏剧性的事情。各种人火气都很大，这一年搞外交是很难的。我们会像虎一样倾向于毫无考虑地发起冲锋，而后又悔恨自己的鲁莽。

这里结成的友谊或合资经营等需要互相信任和合作的事情，变得不堪一击。然而，强大的、朝气蓬勃的虎年可以用来挽救濒于失败的事业，它能给倒霉的商业冒险及每况愈下的经济注入新的生命和活力。这年将会发生巨大变化，是一个大胆的、有争论的、有思潮的一年。

炎热的虎年无疑会触及到每一个人的生活。尽管他有消极的一面，但我们必须认识到它可能有净化一切的作用。就像从矿石中提炼贵重金属一样，虎年可能使我们的精华提炼出来。

对这难以捉摸的一年只有一句短短的劝告："收起你的幽默感，让一切爆发出来"。

属虎人的性格

在东方，老虎象征着权力、热情和大胆。他是一个非凡、引人注目，并难以捉摸的人物。他受到大家的敬畏，使人害怕他就像害怕真虎一样。他能使家庭避开三个大灾难——火、贼和鬼。假如你能习惯他生龙活虎的性格，那么在虎的周围会很幸运。属虎人的所散发的活力及对生活乐观的态度极富感染力，他会唤起人们心中的各种感情，唯独没有冷漠。总之，属虎的人会成为人们注意的中心。

由于他从来不知疲倦并有些鲁莽，因此通常行动很快。他生性多疑，摇摆不定，常作出草率的决定，他很难信任其他人或平息自己的情绪。他决不把事情憋在心里，同时，他又是一个诚实、温柔和慷慨的人，而且有奇妙的幽默感。

每个属虎人都很仁慈，他爱婴儿、动物和爵士乐。他一旦卷入一件事，就会忘记一切，甚至连呼吸都要为之而让位。他做事从来不三心二意，他会使出百分之百的力量来做事情。

感情丰富的属虎人在年轻时候的生活通常是放荡不羁的，有些人在以后也改变不了。这也许是因为他除了是乐天派外，还不重实利，不怕危险。他对不赞同的事情表示蔑视和嘲笑。他总想表现自己，这形成了他的个性。我们也许不赞同他的鲁莽，并为他疯狂的大胆行为而吃惊，但我们又不会忘记为他祈祷，他的成功就如同我们自己的成功。当属虎人沮丧的时候，他需要充满真诚的同情。安慰他时不要小气，如果事情好转他会加倍来报答你，他会聆听你那智慧的话语，并会紧紧抓住善意劝告的每一个字。但这并不意味着他会接受这一劝告。二者是有差别的。

当他发怒的时候最好是把他的手束缚起来，等他喊得口干舌燥，把对你的反感全部发泄出来后，他会检查自己的利己主义。从而，他会吻你、拥抱你，让你发泄，让你们和好如初，在把你打发走后，他会精确地按他原先的计划去做。不管属虎人有多么潦倒，所遭受的打击和失望有多深，他是不会气馁的。哪怕只剩下一星火花，他也要用它重新点燃生命之火，那永不熄灭的精神能使他再复活，变得可爱起来。

在遇到压力时，他可能会有依赖性，不过虎还是以他那统治大众的姿态而著称。有些属虎人是温和的。敏感的和有同情心的，但有些则是顽固的、自私不讲理的。

属虎的女士是迷人的。她能自然地把社会生活和家庭生活结合起来。活泼、无敌意，像一只甜甜的小猫，她的举动受到人们的好评，她表达能力强，自由开放并喜欢赶时髦。

像龙和鸡一样，虎的本性极利己。如果他的私心受到伤害，那么，金钱、权力和名声对他来说都是无所谓的，在受到挫折时，他会变成你所遇到的最小气、最卑劣的暴徒。复仇心会使他做任何事，甚至把房子掀倒。你的怠慢会使他激怒，尽管他能在大事面前沉住气，千万记住：他痛恨被人轻视。

有意思的是他一生中的两大缺点竟是鲁莽和优柔寡断，这是一对矛盾。如果他能学会走中间道路，将是极有成绩的。

属虎人在生活中的第一个阶段也许是最好的。在他成长初年，他会学着控制自己的火爆脾气。在他的青年和壮年时期，会埋头追求成功并完成他的梦想。如果他能学会放弃前排座位，使自己放松，那么他的晚年有可能是平静的。然而这将是困难

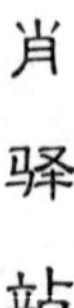

的，因为他会为所做的事情后悔，从而受到苦与乐的不尽折磨，所以他不会这样做。

总之，属虎人的生活是反复无常的，时而开怀大笑，时而又泪流满面。我们不需可怜他，他也不需你这样做。如果允许他完全按他所选择的方式生活，那么生活会给他带来无限的乐趣，他是最大的乐天派，时刻迎接新的挑战。

属虎人和属猪人一起会生活得很好。诚实、好性格的属猪人会弥补属虎人的鲁莽，给他以稳定和安全的情绪。属虎人与讲实际的属狗人一起合作得很好，属狗人会忠实于属虎人，不仅能约束他，也能使他变得理智。

吸引人并实事求是的属马人也是属虎人的伙伴。对他们人生而言都有热情，都很活跃。但迅速而捷敏的属马人能比性情鲁莽的属虎人先一步感到危险，因而属虎人会受益于他伙伴精细的发现力。

属虎人与出生在虎年、羊年、鸡年的人或另一个属虎人相处不会感到困难。属虎人永远不要做一件事：那就是向牛年出生的权威人士挑战，这是一个严肃的、不妥协的对手，他不容许属虎人的胡作非为。在敌对中，牛有可能把虎置之于死地。

同样，属蛇人与属虎人的联盟是不可取的，因为两者唯一的共性是具有多疑的本性。但属蛇人是温和的、冷静的、胆小的，而属虎人则会大声指责别人，他们是不会和谐的。

最后，属猴人是属虎人不可捉摸的敌手，这个聪明的小顽童无休止地取笑属虎人，而属虎人只会发脾气，结果还是自己愚弄自己。属猴人的诡计多端会使属虎人有所领教，他在对付属猴人的过程中可能会吃苦头。

属虎的儿童

虎孩子能给人们带来许多乐趣，同时也很淘气。他生龙活虎，显得很活跃。他能推敲事物的本质，他是一个迷人的、开朗的和很自信的饶舌者。他从不退缩，他那不满足的好奇心和爱问问题的性格会使他对一切会动的东西从不放过。

像属龙的孩子一样，他也可能会欺负那些不太好斗的孩子，使他们屈服。但人们还是很自然地被他那热烈、深情和好交际的性格所吸引。

属虎的孩子会很直率地表达他的感情。当他不得不听取关于时局发展的意见时，他会毫不犹豫地发表自己的看法。他不喜欢有人对他保密，他也不对别人保密。

他不能抑制感情，当某事使他烦恼时，他马上就会感觉到。可以肯定：他有足够发泄怨恨的渠道。

如果属虎人的武断没有被制止，他可能会支配他的父母，变成一个可怕的小家伙。他应及早地学会控制自己爱冲动的性格，听取别人的意见，他时常要试着越过你给他规定的界限，否则他就不是属虎的。要使他服从命令，绝不是件容易的事。

然而，如果对他给予适当的纪律约束，友爱、热情和充分理解并施，就没有人能像小老虎那样自动地承担责任。在他周围生活也许并不顺利，但没有他就会感到太空虚。拥有属虎的孩子本身就是一种奖赏。

属虎人的五种类型

金虎——1950 年 2010 年 2070 年

这绝不是沉默寡言的人，他肯定是一个积极的、好斗的并充满热情的人，他或许热爱艺术。他很有魄力，不会没有人注意他。由于以自我为中心，又爱炫耀自己，当他受到正确方式启发时，会是个有竞争性的，不知疲倦的工作者。他会以直接的或激进的方式看待问题，并从不怀疑他想要完成的事。 问题是他想要的太多、太快，对期望的结果倾向于过分乐观。

金要素与他天生的阴性属相结合，塑造了一个行动迅速、非正统和激进的人。他对自己的愿望坚定不移，在前进的路上，不得不得罪几个人。他很容易受好的或坏的言行的影响，并乐于采取独立行动，因为他不喜欢自由受到削弱。

水虎——1902 年 1962 年 2022 年

这是一种思想解放型的人，他总倾向于新思想、新观念。他也有客观看问题的天赋，因为水要素与他的阴性属相结合赋予了他安静的性格。他是一个高尚的、极好的真正裁判者，因为他能联系到其他人的感觉考虑问题。他很敏锐，并且具有善交际的才能，很适于公共关系工作。

这是一种更现实的人，他熟知人们的脉搏，懂得怎样应付事情。他的评价很少出错。他的脑力超出一般人，但有时也拖拖拉拉，浪费宝贵的时间。不过他比其他的虎更少冲动，因为他能控制感情并集中精力从事他致力的事业。

木虎——1914 年 1974 年 2034 年

这是一种能容忍型的人。他以实际的、公正的眼光去评价形势。他的观点是民主的，懂得与人合作能更快提高自己的重要性。他会吸引许多朋友和支持者，能与各种行业的人打成一片。

木的要素赋予他平静、和蔼可亲的性格。他的魄力、创新精神非常有益于集体事业。他很受文明社会的欢迎，具有团结意见不同的人的诀窍。

木虎在五种属虎人中不是敏锐型的，他也许只喜欢注意事物的表面，维持事物表面的程序。实际上，他缺乏对事物深度的认识和长期的控制手段。他精于给别人干活和能够熟练地指挥他人为其所用，在任何事情中他只承担最少的责任。

由于他的属相缺乏自我约束的能力，他不应着手于超过自己能力限度的事情，但让他承认他的能力限度是很难的。而且各种属虎人都不愿接受批评，不管对工作批评多么正确，又多么善意。

火虎——1926 年 1986 年 2046 年

这种人很难保存住热情无限的能量。他总是乐于活动，东游西窜。他生活无常，只关心目前的事。他是独立的、不落俗套的，而且举动很难令人预测。人们唯一可以肯定的是，只要他一行动，就会引人注目，具有影响力。火要素使他更富于表现力，这种人从不忘记给他所追求的人留下印象，或者把他的惊人活动转移到他决定从事的事业中去。

他经常寻找把他那强有力的能量和灵感转化成行动的机会。有时，他是一个彻头彻尾的戏剧性人物。由于他的宽宏大量，他比其他属虎者更具有领导风度。他认为自己所做的一切都是值得的、绝对必要的，所以你别想告诉他应该怎么做。他是一个彻底的乐观主义者，不在乎世界末日的到来。他威严、雄壮和开诚布公。火虎对生活中的一切都是敏锐的，他要插手一切事情，并掺入个人感情。

土虎——1938 年 1998 年 2058 年

这种人具有冷静的、负责的性格。他所做的事情一般是可行的。他不会匆匆做出结论。他高举公正、平等的旗帜。

关心他人，勇于揭示真理，他的观点成熟、明白。

这种人比其他属虎人稳重，因为土要素赋予他较长时间的注意力，能使他勤奋的专心于他的事业并不会感到烦躁，虽然他不像其他属虎人那样英明、果断，但总的来说他头脑清楚、理智，他看问题的眼光很现实，很少让感情遮住视线。

他是个非常实用的人，建立的关系不靠个人或性格的吸引。而是基于实用观点。他是个有知识、谨慎小心和不胆大妄为的人。他会把他的知识和才能应用于他所熟悉的、能获得最大收获的地方。

有时他会变得非常骄傲，不敏感，特别是当他陷入个人的圈子而对其他事情不能识别的时候。

这种人从不追求豪放不羁的生活。他不管别人想什么，首先他有要达到顶端的目的，他对自己的工作总是严肃认真的，因为土要素使他知道只有稳重和劳动才是达到他渴望的地位或被人承认必经之路。

属虎人与时辰的对应关系

子时出生——午夜 11 时至凌晨 1 时

是个性格可爱而又头脑发热的人。他可能会引起斗殴，仅仅为了享受以后与你友好相处的快乐。如果他心目中，能把住金钱关，倒也是不错的事情。

丑时出生——凌晨 1 时至 3 时

意志坚强而又好冲动，并对未来充满希望。牛时辰或许赋予他独立约束自己的能力，所以他不会突然变得勃然大怒，具有比较沉着的性格。

寅时出生——凌晨 3 时至 5 时

所有牙齿和利爪都会暴露出来，非常快活，有时喜怒无常。你想找一个使你激动的人吗？他就是。

卯时出生——早晨 5 时至 7 时

平静安详，但他心中的火绝没有熄灭。兔时辰可以抑制他的鲁莽和急躁，结果使他做出较好的决定，可以避免麻烦。

辰时出生——早晨 7 时至 9 时

为了更高的目标而非常努力。龙时辰加重了他的私心，如果他不再疑神疑鬼，他将是一个极好的领导者。

巳时出生——上午 9 时至上午 11 时

也许蛇能教会虎把嘴巴闭住，如果他能跟随蛇的摆动，不在谈判中发脾气，那么他将获利。

午时出生——上午 11 时至下午 1 时

马时辰会使属虎人更加实际、精于算计以及好冒风险。但他们的结合是两种自由幻想的属相结合的，因此他缺乏真正的责任感。

未时出生——下午 1 时至 3 时

安静，有敏锐的观察力，但又是个嫉妒心和占有欲很强的人，如果羊能使他好斗性格得以缓和，使其艺术得到发展，他将是一个可爱的人。

申时出生——下午 3 时至 5 时

文武双全。如果他能文能武才干均衡地发展，那么这个人的前途不可估量。

酉时出生——下午 5 时至 7 时

具有迷人的性格。闹事的虎与管事的鸡结合，不论什么事都逃不脱他的手心，他会坚持让你听取他的意见，并迫使你做出选择。

戌时出生——晚 7 时至 9 时

狗的属性使他变得有理想并注重合作。光明磊落的狗能使他不那么凶恶，但他的口舌会比刀子还锋利。

亥时出生——晚 9 时至 11 时

好冲动、天真，只要他得到所需要的东西就会快乐而满足。在压力下他也会进行报复。

属虎人在其他生肖年中怎样度过

鼠年：对虎来说不大走运，买卖很困难，他可能缺钱，或者钱被人扣压。如果他谨慎、耐心，也只能得到一些报答。他应避免冲动，观点要保守一点。

牛年：多种因素交错的一年。争吵和误解产生于固执。这时他会感到灰心丧气，因为他被权威人士阻碍而不能走自己的路。切记要克制一下自己难以约束的性格，如能忍到年底不发脾气，麻烦会自行消失。

虎年：比较好的一年。在他需要帮助的时候会有人帮助他，他不应冒险，因为事情也许变得对他不利。他不会生大病，不会遇到大的变动。这一年不可能节约，也许会被迫花一些钱。

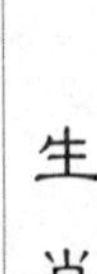

兔年：比往年要快乐些，有好消息来到，他的爱情和买卖又红火起来。在前进的道路上还会有障碍，但他能很容易地克服这些。总而言之，他对所取的成绩会很满意。

龙年：这一年没有太多的事情等待他。他会发现很难筹款，会受其他人影响去进行不明智的投资，可能会发生一些不愉快的事，比如离开他所爱的人或与朋友散伙。他会感到很难适应发生的变化，甚至对他有好处的事情也很难适应。

蛇年：较好的一年，看不出会有什么损失，也没有很多赚钱的机会。如果能够谨慎小心，不卷入别人的事情中去，他的生活可能是平静的。他的进步是稳定的，很少有疾病，他的失望大部分来源于相反性别的人。

马年：非常好，非常快乐的一年。他会很顺利，等待他的是提升和被社会承认，这一年很容易赚钱，甚至能够积蓄起钱财或收到额外的收入。由于家里有好消息，需要举办庆祝活动。

羊年：虽然所遇到的问题会占去他很多时间，但这一年还是不错的。谈判、家中的口角和工作的紧张使他松弛不下来。他应去度假，尽管他会感到经济上有困难，他也许会丢失一些个人物品，但可以把它看做是破财免灾。这年不会有很大的灾难。

猴年：是艰难的一年。使人激怒的事和挫折考验着他的忍耐力。他不应慷慨陈词地发表反对意见，而应避免可能会导致的诉讼案件和敌对行为。他会比平常更多地请客或旅行，并会被迫妥协。

鸡年：适中的一年，不必过分焦急，那些使他烦恼的问题大部分会得以解决。他会在最后时刻得到来自意想不到的地方或朋友的帮助。

狗年：这一年会免于严重危险，然而，不得不为成功而努力工作，并感到疲劳和孤独。不过他还是走运的，能完成他的计划，因为有影响的人物支持着他。

猪年：这一年必须克制乱花钱的习惯。因为年初到来的繁荣不会持续太久。他要对新同事或新朋友有所警惕，也不要冒风险进行很大投资。

不同的婚姻相配状况 12 例

虎 + 鼠

没有多少共同之处。对喜欢家庭生活的、多愁善感的鼠太太来说，虎丈夫是太鲁莽、太专横了。她只有在受到赞赏时才会做到周到体贴，但虎丈夫脾气急躁。两人对对方的行为表现总是感到不满。

虎 + 牛

性格相抵触的一对。他是个不信教的实践主义者，大胆的挑衅者、反叛者。她却遵从习俗，尊重权威，是个守旧的人。他们都倔强，要让他们找到共同的基础来协调对生活的不同看法，实在是太难了。

虎 + 虎

他们都富有魅力，活泼迷人，有许多共同点。但是他们都具有反叛的、倔强的性格，感到厌烦时马上会反唇相讥。如果谁的自尊心受到伤害，家庭关系就会变得紧张。他们都极富于幽默感，但他们的家庭预算将出现亏空。

虎 + 兔

端庄的兔太太会被忠诚坦率、令人动心的虎先生所吸引，但当她与他进一步接近时，又会被他的容易冲动和胆大包天所吓坏。她理智、合时宜，他却只受感情的支配，处世毫无权谋。

他冒冒失失，任其自然。他们必须付出努力，才能相安无事。

虎＋龙

他们都精力充沛、野心勃勃、果断勇敢，同时又给予对方进一步的刺激。他们都勇于革新、大胆，但在相互间最初的热情消退之后，谁也不肯坚持到底。龙太太的领导欲很强，总想与虎先生争夺家中的统治权，虎丈夫则想方设法将她支走，使她无法限制他的行动或逼他驯服，若想成功地相处，双方都应付出很大的努力。

虎＋蛇

两人都喜欢探询对方的动机，总是注意对方的消极面。聪明实际的蛇太太会发现她的明智的行动目标与虎丈夫的完全相反。虎认为她嫉妒心、占有欲都太强，而且过于冷静。他们难于相处。

虎＋马

协调和睦的婚配。他们都善于交际，热情欢快而朝气蓬勃。当虎丈夫为事业而奋斗时，实际的马太太会把两人的精力引向现有价值的目标上。虎丈夫会喜爱她的智慧和灵巧，她能驾驭他驶向更实际的目标。他幽默，善于思考，为人亲切；她柔顺，能够容忍他的反复无常。他们的关系是热烈的，都离不开对方的陪伴。

虎＋羊

他爱好交际，复杂而活泼，她习于家务，依恋性强。他社交广泛。因此不能专一地满足她的需要，并觉得她过于依赖别人，没有主见。她基本上是理解他的。在他们缔结婚姻之前，必须学会应付对方才行。

虎＋猴

虽然他们都是善于交际、充满活力和友好善良的，但却像生活在两个不同的世界中。神经质的虎丈夫厌恶竞争性强的猴太太，因为她太有才智、太自信，根本不怕他的恫吓。他只有在处于主导地位时才是勤奋有为的，如果猴太太也要当主角，他就会感到困惑甚至非常怨恨。他们都大手大脚地花钱，但在理财方面猴太太要更加精明慎重，他们的关系是不稳定的。

虎＋鸡

她漂亮时髦，见识多广，过于挑剔，但精力充沛，反应过火的虎丈夫使她无法忍受。他十分厌烦她的絮絮叨叨、百般挑剔和斤斤计较。虎丈夫慷慨好施、坦白大度，鸡太太则经济节俭，有条不紊。在鸡太太最能表现才智之处，虎丈夫却表现得不切实际。他们不幸福，总是互相激怒。

虎＋狗

理想的伴侣。两人都富于魅力，能吸引人，具有慈爱的气质。他热忱、活跃，而她忠诚可靠，善解人意，热心助人。虎丈夫容易冲动，性格急躁；狗太太却有条有理，头脑清醒，能制止他的任性。他喜爱并尊重她的踏实和良好的判断力，她则不强求他只钟爱她一人。两人都温和，注意对方的需要，却不侵犯对方的隐私。一对令双方都非常满意的伴侣。

虎＋猪

他们相互为对方献身，受对方的激励，因而能更加生气勃勃地工作。他们为的是对方，而不是为自己。他们在一起，将有一个幸福的目标。为了虎丈夫的理想，猪太太情愿献上一切，虎则赞美她的勇气和体力。她信任他，与他意气相投，促使他更加追求物质目标来满足她的奢华。他们都是肉欲的、无拘无束的，对性爱充满热情。他们的差别会降到最次要的地位。两人将手拉手走完生命的旅程。

我的心脏，和着宇宙的脉搏一起跳动

在安静和寂寞中，我听到了灵魂的歌唱

我超脱世俗，又委曲求全

粉饰我的言辞，淡雅我的色彩

我是和谐与美满的集中表现

我是——兔

兔 年

平静的一年。在火热的虎年过后，这一年是受人们欢迎的，也是必要的。我们应当到一个安静的场所去包扎好伤口，在经历了上一年那些大小战役后得到休整。

优美、文雅将普照着一切，人们将会承认疏导胜过暴力。这一年很惬意，外交、国际关系和政治会重新占据主要地位。人们会采取慎重行动，并能有理智地相互妥协。

但我们要当心不要太放纵，兔年会损害那些追求舒适人的利益，使他们丧失效率和责任感。

这一年似乎没有人乐意为那些不愉快的事情烦恼。人们忙于享受，招待宾客，或者要大松一口气，呈现出一派安静、平静的景象，甚至退化到懒惰的地步。

属兔人的性格

兔年出生的人是十二属相中最走运的人之一。正像中国神话中所讲的，它是长寿的象征，是月亮的精灵。

当人们赏月时，会看到玉兔正站在桂花树下的一块岩石的附近并拿着长生不老药。

兔子是仁慈、举止文雅、和蔼及爱美的象征。他温柔的言辞和慈善胆怯的生活方式，体现出一个成功的外交家和饱经风霜的政治家的一切思想品质。

兔年出生的人喜欢和平、安静和惬意的环境，他很含蓄，爱艺术并具有很强的判断力。他那善始善终的精神会使他成为一个很好的学者，他善于在政治领域和政府部门工作。

但他有时也会变得喜怒无常，在这种时候，他会背离自己的环境，或对人冷漠。

属兔人在商业及金融交易方面特别幸运。由于在定约、成交方面很精明，他总能提出一个适宜的建议和候选方案，以使他从中获利。他在生意方面十分敏锐，加上谈判的诀窍，会使他在任何事业上得到迅速提高。

由于他很文静，所以人们对他的本质容易发生错觉，实际上他具有坚定的自信心，他有条不紊的、准确的追求着他的目标。他不会因迟钝或直来直去受到别人指责，属兔人那不可捉摸的特殊本质，使他在谈判中成为难以对付的人，人们很难捉摸他的真实思想。

在人们印象中属兔人好像不会做坏事，他很少使用刺耳的话语，并从不用粗俗的言辞解释问题。他能用体面的外衣遮住真实面目，并伤害他的对手。他的外表令人深信不疑。当有事相求时，他会把你请到最好的餐馆，在你酒足饭饱并满意地抽着高级雪茄烟的时候，他会把合同抽出来要你签，当你明白过来的时候已为时较晚。现在你明白了为什么漫画上画着聪明的小兔子总是从老虎嘴里得到胡萝卜了吧。

严肃的属兔女士考虑问题很周全并能谅解她的朋友，她是一个可以与人和睦相处的姑娘，是一个逛商店的好伙伴，或是在一起讲故事聊天的朋友，她非常热情、聪明，伙伴们跟她在一起感到轻松愉快。

当大家拼命向前奔的时候，她知道世界的明天还会在这里，所以不必这样匆忙，可以坐下来休息一下。她也许会给你泡上一杯香茶，使你忘掉烦恼，静下心来。

总之，他是一个真正懂得生活的人。而且他或她很能体谅别人的疾苦。他不是令人扫兴的或总盯着别人行动的纪律检查人员。他知道什么时候应忍让，从不喜欢在公共场所拥抱任何人。他精于保全面子的艺术，善于兼顾双方的面子，如果有办法不使你难堪，他一定会去做。

毫无疑问，他会把你的错误和进步看在眼里，如果不是严重或不可救药，他会宽容你。由于他有这样的品质，人们很喜欢他，欢迎他。这种处世哲学使他很少有敌对面，并很少遇到麻烦。因为人们也同样慷慨地对待他。

除羊外没有人比属兔人更富有同情心。他很会安慰人，并能认真听你倾诉衷肠，而他只是充当一个被动的劝告的角色。他是一个有知识的现实主义者，一个爱好和平的人。期望他会闹事，这对他来说太难办到了。如果你极大地妨碍了他，他会迅速但却很仁慈地退出你的生活。

一位标致而文雅的属兔小姐宁愿与善良守旧的百万富翁结婚，也不愿找一个英俊的、一贫如洗的情人做配偶，前者能够给她提供优越的条件和他所需要的奢侈品。她的丈夫必须是一个能够保护她并能维持她豪华生活的人，一个当她情绪不好时，不去打扰她并能很有礼貌地离开她的人，

如果让他来选择生活道路，他会选择安逸的生活方式，他

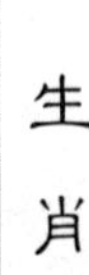

生肖驿站

或她总爱穿宽松舒适的衣服，一块貂皮或灰鼠皮披在她的肩上，看上去很随便，但从他们的穿着中一眼就可以看出是属兔的。

属兔的人异常殷勤、有礼，他的举止优雅迷人，具有绅士风度。尽管他为你唱赞歌这一点是事实，但同时他也在喝你最好的酒。是的，他们倾慕社会的精华和绅士般的悠闲，仔细想来，上层社会人的精华可能由自信、和蔼的属兔人组成。

人们会钦佩他的和蔼机智，听取他那明智的劝告。贪图安逸、厌恶冲突的品质会给他带上弱者、机会主义和自我放任的坏名声。

属兔的儿童

兔年出生的孩子性格温顺，由于他具有平静、顺从的性格，所以他对父母的情绪很敏感，并能看父母脸色行事。他可能爱讲话或许相反，但从不粗野、吵闹，也不会令人讨厌。他能安静地、全神贯注地玩玩具或做游戏。

他通常睡觉不多，在生病时他会感到烦恼。他很遵守纪律，在学校里不会惹麻烦。他能很轻松地把功课学好。但尽管他的举止很文静，这并不意味着他会用温和的讲话方式与人争论。他能迅速地抓住一个问题的两个方面，机智地为他的论点辩解。

他能照料自己和保护他的财产。由于他观察力很强，能掐算到何时会有机会按他的方式行事。微妙的小兔子不会直截了当破坏规章制度，而是小心迂回进行。简而言之，有时他的思想和行为令人费解。由于能圆滑地掩饰感情，他会对你讲使你高兴的话，从而使你按他的思路办事，可你甚至对这些毫无察觉。一个有礼貌的小天使总能得到便宜。

他能以一种蔑视性或哲理性的冷漠来对待他人的责备。在摆脱挫折带来的影响后，他能耐心地从头开始。在家里他是父母的帮手，在学校能够遵守校规，并能很快适应环境，因为他知道怎样与周围人相处，怎样解决问题。请放心，各界人士都会喜欢他、接受他。

属兔人的五种类型

金兔——1951 年 2011 年 2071 年

金兔比其他要素的兔属相身体更健壮，意志更坚定。不喜欢妥协，他对自己的观察力和推理能力很自信，可以肯定，他对问题的解答多半正确。他能承当责任，并在工作中显示出极高的创造力。

金要素与他的属相结合使他变得更致力于他的愿望和目标。他十分聪明，能把雄心隐藏起来。

他是一个极好的鉴赏家。他知道怎样文静地品尝生活奉献给他的好东西。他也许对别人的意见不感兴趣，但却能被艺术、音乐及其他美好的东西所感动。他的自信心和具有观察力的眼睛会使他成为任何一种创造性艺术形式的鉴赏家。如果他有财力的话，他也许会变成一个卓越的收藏家。由于他有很准确的鉴别能力和彻底献身工作的精神，所以无论做什么事情，他都能很快成功。

像所有真正的浪漫主义者一样，这种属兔人容易产生抑郁，并且只能在受到足够鼓舞的时候才能很好地工作。他对爱情要求强烈，看问题有远见和深度。他只允许一小部分人进入他的私生活，这或许是他有许多隐私的缘故。

水兔——1903 年 1963 年 2023 年

这是一种调解型的人，易动感情，善于处理棘手的事情，人们会听取他们明知的劝告。

他具有极好的记忆力。也许能不知不觉地把思想传播给别人，把他所需要的人吸引住，并会惊奇地发现许多支持者在他没有料到的时候会团结起来保护他。

他很敏感，这使他常常沉湎于过去的往事，追忆很久以来的创伤。从而深深陷入自怜的情绪中。在他消极的时候，他会怀疑其他人的动机，变得不爱讲话，并好胡思乱想。处在积极状态的时候，他能号召全部力量来支持他，是一位难得的领导型人才。

木兔——1915 年 1975 年 2035 年

当木要素对这个属相的影响加强时，便产生出一个慷慨而宽容的属兔人，他有时对自己的错误也很宽容。他无疑有很大的雄心，但常常受到权威人士的恫吓，对别人所犯的错误熟视无睹，以维持现状。

然而，这种人通常过得很好。他会被大公司或其他机构所培养，并能够慢慢地、策略地登上成功的阶梯。他喜欢集体努力或共同工作，这能使他获得所需要的安全感，能放宽心。他很喜欢庇护同伙，当他不得不做出得罪人的决定时，也会想方设法阻碍事情的发展。不管他拒绝干涉或是参加到其中一方中去，都极容易把人伤害，包括他自己在内。所以他应学会辨别事物，并果断地处理问题，采取必要的措施与那些使他慷慨本性受到损害的人隔绝。他是个能屈能伸的人，并能适应任何方面的选择。

火兔——1927 年 1987 年 2047 年

这是一个感情非常外露，爱嬉戏并充满柔情类型的人。他比同属相其他的人性格更强。尽管火要素使他急躁，但他仍能以魅力和外交手段来掩饰自己的感情。

他的性格从容、自然。人们能对他的思想作出积极反响，因为他能把自己的思想表达的非常清楚。

火要素会使他感情冲动，毫无保留地表达他的思想。他比其他属兔人更能胜任做领导的工作，谨慎和温和对他的领导起辅助作用。尽管他很外向，并有进取精神，但永远不会同意与他的敌人直接对抗，他通常施以圆滑的手段或通过中间人与对方打交道，这是他的本性决定的。

这是一种很敏感的人，他对周围的变化感觉强烈，并很容易发怒，容易受到伤害或感到失望。在消极的时候，他精神变得异常敏感，他需要别人的鼓励和支持，以便迸发出希望的火花。

土兔——1939 年 1999 年 2059 年

这是一种严肃而坚定型的人。他有明确的思维方式，并能掐会算。在他向感情让步以前，总要深思熟虑。他那均衡、理智的性格，能够在他的上级那里赢得好感，就像他很现实接近一个目标一样。

土要素使他更坚定、不放纵，尽管他的坚定有消极的一面。他的本性内向，当他被问题包围的时候，他会转向沉默，他的行动和思想总是一致的。他毫不犹豫地占用他所能得到的一切财力，并能谨慎地使用它们。

他是一个实用主义者，对别人的需要漠不关心，但却热衷于自己的生活。他不愿意承认有缺点，因而他总想暗暗地克服他的缺点。

属兔人与时辰的对应关系

子时出生——午夜 11 时至凌晨 1 时

敏锐、柔情，并且信息灵通。在这个时辰出生的属兔人丢掉了他那谦逊的性格而变的活泼起来，因此他不会感到寂寞。

丑时出生——凌晨 1 时至 3 时

在牛的影响下，这只兔子的行动比在正常情况下更具有权威性。牛的力量和自制力会使他走向成功。

寅时出生——早晨 3 时至 5 时

讲话、思维都很迅速，他心目中的虎使他更好斗，兔属相则起着控制他的作用。

卯时出生——早晨 5 时至 7 时

一个非凡的哲学家。他从不采取任何行动，因为他从不参与一方。另有一件事是肯定的——他能很好地照顾自己。

辰时出生——早晨 7 时至上午 9 时

他雄心勃勃，坚忍不拔。但如果没有必要的话，他决不愿意亲自动手。他能指挥其他人按他精心设计的计划行事。

巳时出生——上午 9 时至 11 时

忧郁、沉思，但过于自信，他不可能听取劝告，对周围的事情很敏感并受其支配。

午时出生——上午 11 时至下午 1 时

他是个快乐的人，更具有马的自信。两个属相有可能很好地结合，因为他们都有迷人的本性。

未时出生——下午 1 时至 3 时

他心目中的羊使他富有同情心并更慷慨大方。他的性格可爱，并能容忍别人。但他的花费可能要超过他的支付能力。

申时出生——下午 3 时至 5 时

很淘气，并引人发笑。他的外交手段和冷静的外表，对他的恶作剧起着极好的掩护作用。他时刻准备着干涉偷窃行为。

酉时出生——下午 5 时至 7 时

受鸡的影响常常试着发表自己的见解。他的意见值得一听，因为他很敏感，判断正确。

戌时出生——晚 7 时至 9 时

他受到狗的影响，变得更友好、直率，他非常关心他人的快乐，当需要他挺身而出的时候，很少退缩。

亥时出生——晚 9 时至 11 时

猪能给兔子那优雅的情趣增加色彩。猪的影响能减弱兔子爱搬弄是非的本性，并使他倾向于为别人提供方便。

属兔人的其他生肖中怎样度过

鼠年：对属兔人来说这一年是很好的、安稳的。没有令人吃惊的事件或大问题发生，但也不像他所希望的那样有收获。由于在工作中或在家庭里不会遇到严重反对，所以进步是稳定的。这段时间适于为将来做计划或购置财产。

牛年：这是艰难、严酷的一年。漫无目的的旅行或看不到预期结果的工作，使他面临着失望。他的健康可能发生问题，这主要是由于过分焦虑引起的。可能要与一个所爱的人分离。这一年不是他期望周围环境有所变化的时候，计划不能按期完成。

虎年：这一年必须格外小心，要讲策略，因为他有被卷入冲突的趋势。这年，由于他的无理要求引起的诉讼案或争端会很多。今年他要保管好钱财或在签署重要文件时特别小心，在其他方面，他不会遇到太多困难，并且在年底前能够有一些收获。

兔年：这一年是非常吉利的一年。他有被提升的希望，或在事业上进步、财政上成功，而且还会获得意想不到的收益。实现计划是轻而易举的事。家庭里或许有喜庆之事，如迎接新成员的降生或旧成员的归来。

龙年：今年无论是家庭还是事业都令他愉快，但他很忙。他的钱财没有什么变化，但还是会感到惬意和满足，因为他得到的比失去的要多。可能要结交有权势的新朋友，这会对他很有用。

蛇年：今年对他来说没有什么明显进步，他可能不得不外出或面临各方面的困难。由于他希望巩固或改善目前的地位，所以更换住宅是必要的。他或许发现很少有时间同家人在一起或有许多未计划到的开支。

马年：相当好的一年在等待着他。他会遇到一些对他有所帮助的人，这些人乐意用他们的影响来使他获益。他今年不会经受任何大动荡，也不会生病，于是能补偿先前的损失。他今年可能有许多需要外出或请客的事情。

羊年：极好的一年。他会取得很大成绩，并且他的计划进展顺利。对他来说这一年是幸运的，但他必须注意小节，否则会给他以后清账带来麻烦，他的家庭和工作不会有大问题。

猴年：如果他不过分乐观的话，这一年还是不错的。由于可靠的同盟者的背叛，金融交易及合同的签订可能会遇到意外的困难，或不能实现。他的家庭生活会很平静，但他可能要生几次小病，从而妨碍他的进步。

鸡年：这是困难的一年。他发现钱越来越少，因不断受到挫折，从而使他的额外支出增加。这时应与其他人合作，一同渡过难关。今年他应保守一些，不要独立行动。他能克服家庭和工作中的问题和障碍，但要在他经历了许多磨难之后。

狗年：这年对他来说将是很顺利的，他会取得一些成绩或澄清过去的问题，并会有时间得以修养。家里也不会有麻烦。但工作中可能受上级领导的批评，或有同事妨碍他的工作。

猪年：对他来说这是适中的一年。事情比想象的要好。他应非常现实地看问题，并避免做出许诺和保证。今年或许会遇到困难，所以不要过分自信，必须时刻提高警惕来保护他的利益。

不同的婚姻相配状况12例

兔＋鼠

鼠太太爱好交际、活泼狡黠。兔丈夫性格温和，并不倾向于在事业上发奋，性格与他那合群的、欢乐的妻子颇不相同。但他们都爱好家庭生活，也都是实际的，她热情、亲切能激起他的情绪。这是一对靠得住的伴侣。

兔＋牛

兔丈夫优雅睿智，易受感动，乐于接受新思想。牛太太则缺乏情感，迟钝麻木，理解不了他文雅的特性。他贪婪、放任、自私，而她实际、守规矩、训练有素。如果他们真心相爱，能够共同生活的话，他们能互相补充对方的不足。

兔＋虎

兔丈夫想象力丰富，性格温顺，喜欢致力于脑力的、有创造性的工作。虎太太喜欢幻想，感官的刺激和快乐。对于安静、单纯的兔丈夫来说，她实在是太强烈、太富于色彩了。而从她那方面来说，她又认为兔丈夫太无个性，缺乏感情。他能为她解决遇到的难题，她却可能因粗心大意而不去听取。她能帮助他提高自信心，他对她教授的方法却并不热心。他们的结合是不合适的，一个人喜欢并追求的却正是另一个人想避的。

兔＋兔

能够平静安宁地共同生活，他们都冷静、理智，肯于从事任何他们认为是实际和必要的事情。不过，他们仅仅能在基本点上做到互相满足，因为他们只打算为对方尽起码的责任，而不想做更多。属兔人都不具有无私和献身的性格，婚姻对于他们来说，是需要经过仔细权衡后，以平等承担责任来维持的事情。他们都有天分，有很好的直觉，却不肯注意相互勉励。

兔＋龙

他能干、内向、精于计算，她独立自在、活泼乐观。她能鼓舞他的情绪，使他对自己的目标更加雄心勃勃。他能教她与人交往时的一些权谋以及良好的举止。他不在乎她在家中的专断地位，因为他知道她最终还是听从他的忠告。他能干而温和，她有足够的主见和果断。实际的牢固的婚姻。

兔＋蛇

如果他们能使对方的优点得到发扬的话，将是非常合适的一对。他们同样趣味高雅，天生喜欢追求悠闲和完美，但蛇太太对于兔丈夫表达爱情的方式未免过于热心与苛求。从坏的方面说，他们都冷静、善于思索，能从各种方面使矛盾变得尖锐，甚至使婚姻破裂。

兔＋马

在做一件事之前，他们总想把事情想得很难，往往要反复地考虑。他总是受自己的感情和直觉的支配。他们都很实际，都只关心自己，所以不会努力调整相互间的关系。她厌烦他的深思熟虑和神经质，他讨厌她的没有头脑、轻浮、贪图小利。当一个人想休息、想得到片刻安静时，另一个却偏要不停地折腾。这两个人无法相处。

兔＋羊

他们可以容忍对方的摇摆不定。兔先生看重羊的同情心和情感气质；她喜爱他的仁爱、机敏、精明和果断。她的依恋使他更加感到自己的重要，感到自己工作的意义。他能很好地倾听她的话，她所需要的同情、劝慰更甚于行动。他们都浪漫、亲切，将从家庭中享受极大的喜悦的满足。

兔＋猴

两人相处会时时产生某种敌意。她是活跃的、很自满的，因自己的才智而骄傲；他常常因她而感到羞耻，痛恨她的深思熟虑和精心盘算。他们都能将对方看透，当他们互相注视时，都看不出对方有什么可使自己着迷的地方。这两种性格实际上是无法共处的，除非在这种关系中能有利可图。

兔＋鸡

他喜欢被人迎合，受人服侍，而不照顾人。她太直率，太拘礼，重效益，无法容忍他那难以预测的要求。他们都有知识，但也都很怪僻。他常常在心里暗暗盘算，她将他的过失记成一本账，总要与他算账。他们彼此都使对方感到不舒畅。

兔＋狗

互益而一致的伴侣。他们认为另一方提出的要求都是合乎情理的，并且都能使对方的感情得到满足。狗太太对丈夫忠实而挚爱，在他不赞同自己心情不好时也仍然如此。她喜欢他的温和与有手腕。他则指望得到她的支持和她对事物的合乎逻辑的判断。在两人中，她更坚韧，在他感到沮丧时，她会鼓励他，为他打气。而他是善于思考而敏感的，他能了解究竟是什么事使她烦恼。

兔＋猪

两人都能激起对方的兴趣和同情。他积极有才干、机敏，有摆脱困难的能力。她赞赏他的沉稳和优雅，常常向她让步。她依赖性强、大方和服从，她被他的专一所打动，为他的无私所吸引。他们从不互相挑剔，宁愿相信对方的祝福，这是一对能从对方得到满足和报答的伴侣。

我是永不熄灭的星星之火，那是所有能源的发祥地

那里有一颗英勇、坚强的心，是真理和光明的化身

我的出现，能使乌云驱散

我推动着时代的进步，向命运提出挑战

我是——龙

龙 年

兔年过后，我们得到了休整。又从安逸中急转直下。这一年要眼观六路耳听八方。应挽起袖子大胆干一番宏伟的、雄心勃勃的和令人振奋的事业。龙那一往无前的精神，会使一切膨胀，超过其本来面目。我们会莫名其妙地感到有使不完的劲。不过在这一触即发的一年中，聪明人是不会过高地估计自己的力量的，他们会正确认识自己的潜力。

这一年也有好的一面，生意兴隆，钱来得容易。强大的龙会讥笑那些谨小慎微，小气吝啬的人，东方人认为这一年结婚生子、开始新买卖会很吉利，因为仁慈的龙会给人们以幸福和运气。

然而，这也是我们削减热情的时候，在进行冒险之前需要三思而后行。尽管幸运的龙会把祝福洒向人间万物，但当我们犯了错误该遭报应的时候，他的威力就会消逝。于是成功和失败都会同样被夸大。

龙年，运气和灾难会席卷而来，这一年会有很多令人吃惊的事发生，大自然的运动也会凶猛异常。巨龙布云施雨会影响每一个人。

属龙人的性格

神话传说中那巨大、宏伟的龙使人们产生无限遐想，所以，龙那神奇的品质不管虚幻与否，肯定也包含在那些出生在龙年人们的心中。

属龙人宽宏大量，充满生气和力量。对他来说，生活是五颜六色的火焰，跳跃不停。尽管他以自我为中心，偏见、武断以及异想天开，要求极高或蛮不讲理，但总有崇拜者。由于他骄傲、清高和非常直率，在一生中很早就树立了理想，并要求其他人也具有同样高的标准。

在中国，龙象征着皇帝或男性，它代表着权力。在龙年出生的人据说都带着命运之角。属龙的孩子喜欢拣重担挑，喜欢承担重要责任，即使这个孩子在家里最小也是如此。年龄较大的孩子常常比他们的父母更能担负起抚养他们的弟弟妹妹的责任。

属龙人的能量很大。他那急躁、渴望和几乎是宗教性的热情，像寓言中所讲的龙口中喷出的火那样燃烧。他有做大事的潜力，因为他喜欢大刀阔斧地干事情。然而，如果他不能控制他那早熟的热情，就会把自己烧掉，变成一缕青烟。他的性格易变得狂热，不管做什么事情总是大张旗鼓。中国人把他看做是财富和权力的卫士。他当然是属于成功的属相，但他也是权迷心窍的狂妄自大的人。

与强大的属龙人竞争是很难的，甚至是不可能的，他常用恫吓的手段来威胁敢于向他挑战的人。一个恼羞成怒的属龙人会像一只大灰狼一样蹲在你家门口，并在外面喷云吐雾，直到把你的房子吹倒了事。

尽管他们脾气很坏，又武断，但对长辈还是孝顺的。无论他或她与家庭有什么分歧，只要家里需要他帮助时，他会把分歧丢到脑后，果断而慷慨地给家里人以帮助。然而，危机过后，家庭成员要遭到严厉指责。他很少拐弯抹角讲话，他讲起话来就像引用皇家法律一样。

他是强大的、果断的，但他并不狡猾和诡计多端。他避讳那些微妙的谈判，要是这种竞争只靠力量来决定的话，他很容易取胜。但他常常过于自信，被幻想所迷惑，因而对周围发生的倾覆或是密谋都无所察觉，更不能及时寻找到对策。他非常傲慢，从不请求别人帮忙，在力量对比十分悬殊的情况下拒绝撤退。由于他勇往直前，以至于忘记保护他的后方和侧翼。他非常直率，从不扯谎。

属龙人生活是有目标的，游手好闲，无所事事对他的健康不利。他必须有一个为之奋斗的事业，一个要达到的目标。没有宏伟的计划和失败后的重振旗鼓，龙就像没有燃料的机车，最终会垮掉，变得无精打采。

属龙人与属蛇人一样与成功有着不解之缘，但他比属蛇人更公开表达自己的观点。他的失败往往是由于体力不支所致，所以即使失败了也不会在他心里留下创伤。他是个敢干的人，他可以单枪匹马地进行讨伐。向领导示威，写信或在请愿书上收集一百万人的签名。这种猛烈的抨击方式使他不致患任何一种精神性疾病。

龙女士是十二生肖中的贵妇人，她爱鼓吹妇女参政，男女平等，对妇女的歧视行为会使她大发雷霆。男人能做的事，她也许做得更好，不要低估她，她会将你击败，置之于死地，她从不逆来顺受。

通过她的衣饰你可以看出她是严肃的人。实用的衣服最受她欢迎。她的衣服上没有褶边，不要飘带，没有多余的纽扣、蝴蝶结。但最低限度的要求还是要的，比如：喜欢宽松的、适于活动的衣服，她不喜欢穿紧身的受约束的衣服。实际上，如果她爱好军事或公共事业，她会喜欢一套制服。这样她可以穿着衣领挺直、干净利落的衣服轻轻松松地去工作，不必为每天决定穿什么衣服而烦恼。

尽管属龙人的缺点与他的长处一样多，但他的光辉照耀着每一个人。他很有气量，从不喜欢嫉妒别人。他也许会牢骚满腹，但不会见死不救。这不是由于他真诚地关心、同情你，而是他对一切都有深深的责任感。

属龙人出生时的天气状况对他今后的生活有很大影响。在暴风雨中诞生的孩子会走一条暴风雨般的、充满冒险性的生活道路，他会历经艰险或磨难。在海和天都很平静的白天出生的人，会一生得到保护，而且他性情会很可爱。

作为从不接受失败的属相，他会自讨苦吃。当他认为自己没有错时，会一头扎进灾难的深渊。你说他是自负，自我毁灭吗？不是这样。这个道理很简单，这种人一定要实现他的计划，丝毫不考虑后果。他来到世上就是为了达到最高的目标，你越想使他改变行动方向或绕开麻烦，他就变得越顽固。他不愧是个带头人，甚至在情绪最不愉快的时候也能不负众望。

不管怎样，他是一个坦率的人，你能像看书一样来了解他。他从不伪装自己的感情，也很少用心去尝试这一点。他不能守口如瓶，保守秘密，甚至当他发誓一个字也不说时。但在他发怒的时候便会把秘密脱口而出，并且一字不错。

你从来不会对诚实的属龙人丧失信心。他很少动摇、怯懦或推卸责任，从不疑神疑鬼。由于他天生具有开拓精神，所以他企图一举成名，但有可能一切努力都是徒劳的。他是个不到黄河心不死的人。让我们尽量往好处想，并祈祷他有朝一日学会悬崖勒马的本领。

在所有的属相中，他与属猴人关系最为默契，他们都很威严，而且会组成不可战胜的同盟。龙鼠联盟是一个成功的结合，因为鼠很狡猾而龙很强大，他们可以在一起干大的事业。龙与冷静的、令人尊敬的蛇组成很好的婚姻，蛇能用智慧控制龙的胡作非为。

虎、鸡、马、羊、兔和属猪的属相都会竭力找属龙人做伴，喜欢他的美丽和力量。龙与牛两个属相因为都很威严而使关系有些紧张。在所有属相中，属龙人会受属猴人的严密监视。属狗人也被属龙人的威力镇住而变得玩世不恭。

值得注意的是：尽管龙使人眼花缭乱，但只有当他能够控制住他那传说般的力量时，才能创造出奇迹并让人们充分信任他。

属龙的儿童

情绪高涨的龙孩子可能是个发明家。他性格倔强，无所畏惧，并很活跃，任何东西都不能阻止他对生活的幻想，他很早就能提出自己的观点，并且从不需要或要求别人的帮助，他对长者很尊敬，也能主动地服从指挥。

这个热情的孩子，把全部精力都贯注于他认为值得为之献身的事业。他心中有无数偶像：他的老师、他的家长或任何值得他尊敬的人。他生气勃勃，好斗并很独立。他愿承担一些责任，以便找到事情做，以此来显示他的作用。

龙孩子喜欢做一些对人有用的事。他喜欢人需要他，而不仅仅是爱他。他的努力是诚恳的，应当受到赞扬的，因为他会通过非常努力地工作来使你高兴，并赢得你的尊敬。即使他把一件简单的事当做一件复杂事来做，你切不可嘲笑他，那样会挫伤他的自尊心。他的自尊心很强。宏伟的梦想对他来说是现实。

这个骄傲的自力更生的小家伙，将永远坚强地忠实于他的理想，他生来就要领导别人，超过别人，并且永远屹立在太阳升起的地方。

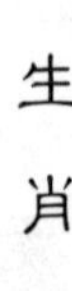

属龙人的五种类型

金龙——1940 年 2000 年 2060 年

这是一个意志最坚强的人。诚实、正直对他来说至关重要。尽管他光明磊落，善于发表自己的观点，但他不是一本正经的人，而且他很爱批评别人。

由于好动、好斗的特点，他会寻找那些与他智力相同、社会地位相仿的人做伴。他对懒惰和愚蠢感到厌烦。生硬的金和龙属相结合会使人感觉以强凌弱。另外，他顶多是个出色的战士。

他极其热情认真，把信念看得比生命还保贵。你想使他相信某些事情办不到是徒劳的，这种人会努力驱除他生活中所能遇到的障碍，并盲目热衷于他的信念和道德信仰。

他会夸大自己的作用，在外交方面有点欠缺。如果其他人不同意他的观点或拒绝接受他的领导，他习惯于单独行动。

强大的金龙会冲向神仙都不敢去的地方。他会成功的，因为他能置之死地而后生，以便一旦发起进攻就不能回头。

水龙——1952 年 2012 年 2072 年

这种人不像其他属龙人那样专横，最喜欢适合他生长与发展的环境。他能为整体利益放弃自尊，并且他不那么自私固执。由于他是一个能约束自己并不断进取的人，所以尽量不使自己像其他属龙人那样引人注目，同时也不打算充当调解人。对一些事物他会采取等着瞧的态度。他的智慧像他的意志力一样令人生畏。

他在生活中遵循着“相信自己”的人生哲学，并不会对那些与自己大相径庭的人进行报复。因为他思想解放、民主，能从容应对成功与失败。

水对于这种属相起着镇静作用，这对他很有利。他知道怎样聪明地行动，并为他的进步做一些必要的准备。他敏捷可靠，并能善意地表达他的思想。他可能在谈判中获胜，因为他知道何时、何地以及如何使用武力。

他的主要欠缺在于：他也许像一个过于乐观的建筑师忽略了加固地基。企图一下子抓得太多，到头来什么也抓不住，他必须学会放弃。这样一定能事半功倍。

木龙——1964 年 2024 年 2084 年

这是一个具有创造性的、宽宏大量的人，在他头脑中会产生新思想。木与他的属相结合能使他善于系统地阐述及实践他的想法，并与其他人合作。他有时也许会带着优越感来关心他人。

由于生性好钻研，他爱刨根问底。他的每一次行动都受到很强的逻辑指导。然而当他遇到反对意见时，他倾向于深入调查其原因或允许别人进行无休止的辩论。

他非常慷慨，主张走中间道路，尽量少得罪人。他巧妙地把专一的方式隐藏起来。木元素使他不那么冲动，使他讲道理，

当看到情况对他不利时，他就会妥协。

他不像其他属相的龙那样复仇心切或以自我为中心。他很坦率、自豪，并且在遇到挑战时会毫不畏惧。

火龙——1916 年 1976 年 2036 年

在所有的龙属相中，火龙最有正义感，最开朗，也最富有竞争力，他对于每一个人都抱有很大希望。尽管他要求很高并很好斗，但他也具有很大的能量并也将许多东西奉献给别人。他的领导品质常常被那些以救世主自居的愿望给毁掉。火要素与他那强大的属相匹配，会使他倾向于过分热情并专横、傲慢，甚至在没有抵抗的情况下一味推进。

事实上，他是个坦率的人道主义者。他公正，并不惜一切代价展示真理。对别人的批评很客观，并有能力以他那快乐的性格唤起群众。由于他是一个当然的帝国创建者，所以他希望一切事情都有高度的秩序，并希望自己掌舵。

然而，他是最高级的表演者，很可能成为鼓励伙伴的力量源泉。当他学会抑制自己的不良品质并能更谦逊地与人交谈的时候，他将是个引起公众注意的人物。

土龙——1928 年 1988 年 2048 年

他好交际，具有总经理的风度，能够情不自禁地控制周围的环境和人。作为属龙人，他必定是个独断专行的人，如果你希望他能有所改变那就太愚蠢了，然而他能正确对待其他人的意见，即使是反对意见也如此，土要素使他现实、稳定，有时甚至超脱。

尽管他不像其他人那样严厉，但还是想要征服别人。他不停地工作，以此来施展才干。

他有自控能力，但是并不意味着他缺乏创造力。这仅仅是因为土要素的影响从而使他变得从容，使他的抱负更坚定，实现理想的步骤更有章可循。

他从容强大，很勇敢，喜欢思考，善于组织，很少发脾气。然而，一旦他的自尊心受到伤害，他会迅速给予回击。

属龙人与时辰的对应关系

子时出生——午夜 11 时至凌晨 1 时

典型的龙的慷慨也许会与鼠的节俭混在一起。鼠那充满深情的本性也许会使他难以成为绝对真实、果断的人。

丑时出生——凌晨 1 时至 3 时

这个行动缓慢的人喜欢做他有把握的事。然而，他的性格仍旧很暴躁，但又使用牛的坚实稳重的方法来对付他所遇到的人和事。

寅时出生——凌晨 3 时至 5 时

当计划失败时他或许变得歇斯底里，他有虎的疯狂与冲动。

头脑发热，另一方面他也可能是个奴性很强的人。

卯时出生——早晨 5 时至 7 时

这是力量与外交的结合。一个安静的人，他习惯于思考和沉思。他非常强大，而又很微妙。

辰时出生——早晨 7 时至 9 时

他有绝对的献身和服从精神，是高等绅士或尼姑类型的人。如果他想要有大批的追随者，也许只能建立自己的偶像来让他们崇拜。

巳时出生——上午 9 时至上午 11 时

他能策划每一次行动，并能精确地执行计划。很少有邪恶的念头和过分的雄心。但蛇的魅力掩饰了他的强烈感情。

午时出生——上午 11 时至下午 1 时

爱交际，喜欢下大赌注。集会上少了他就好像缺少点什么。但马的偏见和他的自私本性加起来会使他的责任感暗淡下来。

未时出生——下午 1 时至 3 时

由于很谦虚并能谅解别人，不用凭借野蛮的暴力就能把事情做得尽善尽美。

申时出生——下午 3 时至 5 时

凭借自身的本领他可以当超级明星。这是力量与计谋的良好结合。他爱开玩笑、扮小丑，但不要被他愚弄，他是钢铁炼成的，你不要想忽略他。

酉时出生——下午 5 时至 7 时

是个无所畏惧、爱幻想的人，他极其骄傲，又有鸡的愚蠢。他从不会感到枯燥。

戌时出生——晚 7 时至 9 时

一个思想实际、实事求是的人，狗时辰的影响使他能独立地判断形势，并使他很幽默和稳重。但愤怒时他也能狠狠地咬你一口。

亥时出生——晚 9 时至 11 时

热心，具有献身精神的人。与他交朋友是值得的，因为他会全力地支持你。在猪时辰的影响下，他会很谦逊。

属龙人在其他生肖年中怎样度过

鼠年：这一年对属龙人来说是充满生机的一年，适于寻求商业利益，钱会流进他们的口袋，但如果一笔生意没有做好就可能削弱他的财力。他会很容易得到休整的机会。这一年总的来说是有成绩的，家庭或工作都不会有什么大麻烦。

牛年：这一年属龙人会走运。尽管进步不大，但他会是幸运的，因为他周围的无数争端和麻烦都不会直接影响他。这时他会受到保护，不会卷入困境。家庭和生活不会受到干扰。

虎年：这一年令人担忧。他的计划受到其他人的阻碍，并且发展到不经过大量争论就很难取得预期结果的地步。他必须做出选择：要么忍痛与反对他的人在一起，要么他很难使他的朋友高兴。家庭问题会搅得他不安宁，也许会有某个家庭成员离去。

兔年：平静又回到了他的生活。由于命运之风又吹起他前进的风帆，因此他能取得一些进步。尽管他可能得一些小病，但这一年仍是平静的，没有财政危机和坏消息等着他。

龙年：对属龙的人来说这是非常好的一年。无数的好事等待着他，并且他能得到承认或在工作中取得令人吃惊的成绩。他所从事的一切都很容易获得成功，因为在这令人兴奋的一年里，属龙人会很繁忙并很机警。

蛇年：这一年会生意兴隆，尽管他会遇到一些麻烦，计划仍能顺利完成。由于他忽略了家庭生活和爱情生活，他会遇到一些个人问题。

马年：这一年他的生活会有不测和发生不愉快的事情。如果他既不任性也不放肆的话，一般来说问题会自行消逝。尽管如此，一些事情可能会打搅他的生活，暂时使他改变生活方式，使他的日子不太好过，因为一些虚伪的或实实在在的烦恼之事会使他不安。

羊年：他在金融投资和事业上只能有适中的成绩。他的健康状况不好，但家庭生活安定。不会有大动荡，也不会发生不受欢迎的事。

猴年：对他来说这是混合的一年，在职业和金融事业上能有所进展，但他不要被最初胜利所蒙骗，不然他会被牵扯到法律争执中去。如果他固执己见，友谊将会破裂，或者会发生荒诞的争吵。这一年是妥协的时候，应注意其他人的劝告。

鸡年：这一年是幸福的。他会得到好消息，会得到提升，并会有归还的钱财以补偿损失。他的家庭生活是顺利的，除了能弥补损失外，他还能结交有影响的朋友。

狗年：这一年对龙来说很困难，因为意想不到的问题会突然出现，而且计划也常常会出现差错。这一年龙必须尽量避免与敌对或持有观点不同的人对抗。他能够通过改变环境或与可靠的朋友做买卖来缓和紧张局势。

猪年：这一年是不错的一年，对他来说一切恢复了正常，幸运之光会穿透他头顶上的乌云。他在工作和金融方面不会有什么大问题，但他不得不外出或多次请客，他的家庭生活不会有什么麻烦。

不同的婚姻相配状况 12 例

龙 + 鼠

龙丈夫会体验到妻子忠实而乐观的爱情，鼠太太会甘愿随他走遍天涯海角。他豪爽而富于智谋，能挣钱，也能挥霍，他总要储备一些以防不测。她可爱、善于谈吐，但总把他当成领袖。这将是个丰裕而且很持久的家庭。

龙＋牛

他俩的认真执拗的性格，是既可促成婚姻也能破坏婚姻的因素。他工作是为得到夸奖和人们的承认，可她却不能不顾及物质利益。两人若要共同生活，都需做出很大妥协，但如果这种努力获得成功的话，他们将会因对方而感到非常骄傲，并甘愿为对方献身。

龙＋虎

他们的关系不是平静、相安和庸庸碌碌的那一种。他们都积极向上，勇于开拓，活动能力很强。如果他们了解相互的个性，给予对方充分的自由和表现机会的话，他们可以成为互相激励的伴侣。

龙＋兔

她需要他的力量和勇敢，他依赖她的能干和友谊。他强壮、坦直，她则宽容、圆滑，她将为他安排一个美妙舒适的家。她有适应能力，但情绪不稳定，不能保护自己。他以战士和保护者的身份维护她。他们的结合是很好的。

龙＋龙

不是非常和谐的。他们首先需要的是统一他们的目标。两个个性都强，意志坚定，而且喜欢寻衅。龙太太不愿受人庇护，

她事实上也确实比他更有决断。龙丈夫一副主人派头，总想控制别人。他们都聪明过人，应该避免互相压制。

龙 + 蛇

如果能把他们相异的个性调整合适的话，他们能建立起令双方都得到满足和鼓舞的关系。他总是准备去奋斗，去取得成就，她将自己的坚韧和判断力灌输给他。在具体问题上，她往往比他更精明，至少能更好地掌握家庭的收支。他们能够为家庭建立起稳定可靠的基础。

龙 + 马

马夫人足智多谋，但龙丈夫可能认为她太不安定。如果他们生活在城市中，生活就会富裕和欢乐得多，当双方都享有自由和多变的生活时，他们会表现得更好一些，抱负不凡的龙丈夫会发现他妻子的实际眼光是非常有益的。她则喜爱他的强壮和可依赖性。

龙 + 羊

看来不能互相吸引。若能融洽地相处，双方必须付出艰巨的努力。他喜欢冒险和独立，她却受情绪和感情所支配。她习惯以直觉处理事情，他却精明果断。她热爱家庭和家庭生活，但他却不像她那样专心于家务。

龙 + 猴

理想的婚配，既是浪漫的，又是理想的。他被她的魅力所吸引，她赞赏他的领导才干。他们都十分热情，是高于平常之上的行动者。他们在一起能够交相辉映，两个人将一同去进行新的征服和探索。他们都倾心于社交活动，很可能建立一个美好的家庭。

龙＋鸡

能够和睦地共同生活，不过首先要弥合某些裂痕。她的识别力和时而表现的冷眼旁观的态度常常会打消他的盲目自信。他精悍，生机勃勃，她则注重实效，具有批判眼光。如果他们知道自己该管的是什么，并能取得一致的话，他们会很幸福，他们在智力水平上是平等的，但谁也不要想靠自己的成就去压倒对方。

龙＋狗

由于性格相差太远，将产生许多矛盾。他们都是敢作敢为，坚强有力，但有不同的表现方式。他们都骄傲、任性，常常互相挑战，谁也不愿轻易认输，谁都怕丢脸。如果两人结会，双方都要做很多努力来改变自己的性格。

龙＋猪

稳定的成功的结合。猪太太总是支持和鼓励她那雄心勃勃的龙丈夫。他容易冲动，她则重于克制稳定。他好战，她却能使他平静下来。为了共同目标，他们能够顺利地合作好。无论他干什么猪太太都愿意为他奉献一切。他大胆地一往无前，每当他失败、跌倒，她都会毫无怨言地扶起他。他们的爱情是非常热烈的。

我的智慧就是时代的智慧，打开生活奥秘的钥匙在我手中

把种子播在肥沃的土地上，我用坚定的意志滋润他们

我的志向不变，我的追求永恒

我稳步向前，毫不松懈，坚实的大地在我脚下

我是——蛇

蛇 年

蛇年是思考的一年，适于订计划和寻求答案。这一年易做精明买卖，从事政治活动的好时机。人们在行动以前会更加周密地策划，仔细地思考。工商业在这一年会很吉利。问题可以达成妥协，但这不等于在最初没有相互不信任的存在。蛇年解决分歧的方法较为灵活，如果事情不能用和平的方式解决，那么就会以武力来解决。

追溯历史，我们发现蛇年从未平静过。也许是因为它在十二属相中是阴性最强的一个，并紧跟在十二属相中阳性最强的属相——龙的后面。龙年的许多灾难苗头在蛇年达到高峰。这两个属相关系密切，蛇年的灾难往往产生于龙年的暴行。

这一年充满生机和浪漫的色彩，它适于求爱，并且也会伴有各种丑闻。这一年对从事艺术活动很有利，人们非常讲究时髦，而且款式多变。音乐、戏剧会兴旺起来，人们会追求更高的生活方式。科技战线也会作出重大贡献。

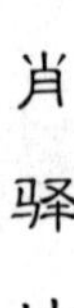

属蛇人那令人肃然起敬的智慧在我们生活的许多方面明显地表露出来，在决策方面则尤为突出，尽管一切表面上看起来很平静，但蛇年还是神秘莫测的，在属蛇人的冷静和泰然自若的外表背后，隐藏着深奥和神秘的本性。应当注意的是:一旦蛇伸展身躯发动攻击，它的行动就会像闪电一样迅速，势不可挡。同样，蛇年也有可能发生突然变化，而且极具破坏性。

这一年，步伐要放小并且要更加小心。赌博和投机被严禁，其后果是严重的。值得注意的是蛇并不是仁慈的动物。

属蛇人的性格

属蛇人可以成为哲学家、神学家、政治家和狡猾的金融家，也可能是最深刻的思想家，他是十二属相中不可思议的人物。由于具有天生的、特有的智慧，他还是一个天生的神秘主义者。文雅、斯文的属蛇人很爱读书，爱听名曲，爱吃美食，并且爱看戏剧。他被生活中所有美好的东西所吸引。最美的女子和个性最强的男子多出生在蛇年。所以如果你属蛇，你定会交好运。

属蛇人一般依靠自己的判断行事，与其他人不能很好地交流。他或许有很高的宗教造诣，或者他是个彻底的享乐主义者。不管怎样，他宁愿相信自己的臆想，也不愿接受别人的劝告。在一般情况下他是正确的。

像龙一样，蛇属相也象征着他的命运，他的一生或以凯旋结束或以悲剧告终。这一切由他的行动主宰。在他那老练的外表后面，隐藏着很重的疑心，尽管他否认这一点。

属蛇人不可能因缺钱而烦恼。他很幸运拥有他所需要的一切。如果缺钱，他会很快改变这种局面。然而，属蛇人不应赌博，这样他会变得一无所有。如果蒙受了很大损失，他不会再蒙受第二次打击，他会很快醒悟过来，迅速地得以恢复，一般来说，他在生意上是谨慎而机警的。

一个在年轻时经受过贫穷或劫难的人，也许他永远不会忘记过去的遭遇，可能会一味积累财富，变成一个贪婪的、惜钱如命的人。

从本性上讲，属蛇人疑心大，但他与属虎人不同，他把疑

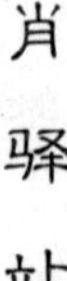

心隐藏在心中，把自己的秘密也隐藏在心里。

预言属蛇人会变成什么样子或他会发展到什么程度都是靠不住的，他那计算机式的头脑从未停止过策划，并且经久不衰。记住，他是十二属相中最顽强的属相。

在与他人的关系中，他表现出极强的占有欲，而且对别人的要求高。他对朋友持有某种程度上的不信任。他决不会原谅毁约的人。在他感到恐惧的怀疑的事情上，容易神经过敏，甚至变成妄想狂。

属蛇的女士本来就是美女蛇，她那冷静、安详和无与伦比的美貌会把人迷住。她有信心并且泰然自若。虽然她时常懒洋洋地到外闲逛给人以懒惰、贪图安逸的印象，但她决非如此，她的脑子从来都是很忙的。

属蛇的人皮肤很好，不长丘疹或瑕疵，甚至在不注意皮肤保养的情况下也是如此。好像紧张情绪只能影响他的消化系统和神经系统，而对他外表影响很少。许多属蛇人容易死于胃溃疡或精神崩溃等，这些疾病都是由于抑郁而来的。

她选择朋友的标准也很高。她崇尚权力与金钱，如果她本身不具备这些条件，那么她会与一个有钱有势的人结婚。不管她的丈夫多么有权势，多么富有，只要和他们结婚，她就会成为他最宝贵的财富。只要她的丈夫还有潜力，那么她会想尽办法使他获得成功。她会把自己装扮起来，做一个完美的女人，同时能够敏锐地给丈夫指出生活中的每一个机会。有这样的指导、献身和支持，他只能向上走而别无他路。

一般来说属蛇人，具有幽默感，但也有例外。有些人冷冰冰的，而有些人则常常嘲笑、讥讽别人。有的人是和蔼可亲的，但有些人则是残暴的。观察这一切的最好时机是当他或她处于被迫的情况下。在危机时，属蛇人能用开玩笑的方式来活跃气氛，甚至当他身负巨大压力时也能面无惧色。

有些东方人认为蛇是阴险的，不可思议的，这是由于它寿命太长，每换一次皮就能获得一次新生。这个特别的品质象征着它具有再生的能力，在一场战斗后他能很快地恢复精神。

到现在为止，你一定知道对付属蛇人绝不是一件轻而易举的事吧。实际上，最难对付的是他表里不一，在那安静的外表背后隐藏着一颗时刻警惕的心，并且他喜怒不形于色。在他准备行动之前，早已精心策划好了。他意志坚强，能够坚守阵地死而后已。蛇很狡猾，就在你认为已经抓到他的时候，他已抽身逃走了。

中国人认为春夏两季出生的属蛇人最为厉害。冬天出生的属蛇人则安静而顺从，因为冬天是蛇冬眠的时间。在好天气出生的人比在坏天气出生的人更为快乐，更容易得到满足。

属蛇人最好的伙伴是可靠的属牛人，无所畏惧的属鸡人或属龙人。他同鼠、兔、羊、狗属相也能很好合作。

但他应避开爱挑战的属虎人，属虎人不会明白他明察秋毫的眼睛。爱冲动、难以对付的属马人只能与他结为一般关系。而聪明的猴子则会以狡猾向属蛇人挑战。两个属蛇人能在一起和平相处。猪与蛇这两个属相的人没有共同之处，蛇圆滑而老练，而猪却诚实，二者性情相反。

在骚乱和困境中，属蛇人是中坚力量，他能临危不惧，沉着地应付任何不测。他的责任感很强，而且目标明确，远大理想和天生的优势结合使他能达到权力的顶峰。

属蛇的儿童

属蛇的孩子性格复杂。他安静、机警并聪明，性情庄重，但很爱挑剔别人。他的生活由于忧郁而显得沉闷。他在学校里很用功，可能是老师的得意门生。他们常常以自己的迷人而骄傲，请记住不要过分宠他。

尽管这些孩子生性斤斤计较，爱盘算，但他们很守纪律。他们的理想很实际，并能很容易地确立起来，你不会看到他们去争取根本得不到的东西。由于他始终如一、坚持不懈并很现实，所以能努力地工作直到把事做好为止。

除了天生的学习才能和很高的智商外，他还能够坚持自己的意见。他不会干涉别人的事情，并希望其他人也不要管闲事。由于非常小心谨慎，因此他知道怎样避开麻烦。他也许不太开朗，但却能获得永久的友谊。

这个孩子是个出色的领导者，因为他很有能力，并能用心地制订计划，而且他还能聪明而公正地行使权力，其他的孩子会尊重他、支持他。然而他很重名誉，为争第一可以不顾一切。有时他的行动是别有用心的。

他沉默寡言，总把痛苦隐藏在心里，并长期耿耿于怀。他常常被人误解，因为他拒绝或者不能恰当地为自己辩护。他与其他人的交往渠道有时不能很好地沟通。

属蛇人的五种类型

金蛇——1941 年 2001 年 2061 年

这种人精于算计，头脑聪敏，并且意志很强。由于他辨别力很强，有慧眼识良机的本领。所以这种属蛇人诡计多端，这种人喜欢孤独。他能迅速而悄无声息地采取行动。在你毫无准备的情况下，他已牢固地站稳了脚跟。

金要素与他的属相结合使他喜欢过奢侈和安逸的生活。于是他会一生追求财富和权力。他心明眼亮、有远见并且勇于攀登高峰。

金蛇属相的人最能守口如瓶，很有心计，有自信心。他生性多疑，常常怀疑存有不可告人的野心。

他有坚强的占有欲，有时盛气凌人，有时又沉默寡言。他在早期就选定了生活和道路，并能坚持向前。

水蛇——1953 年 2013 年 2073 年

像水能渗透任何障碍物一样，水年出生的属蛇人看问题较为深远，并很会使用迂回战术。

不可战胜的水蛇具有强烈的魅力和爱询问的性格。他机警、有商业头脑并重实利。这种人智力发达、精力集中，他漠视小问题而顾全大局。他从不会失去目标或脱离现实。

爱好艺术，博览群书，很有学问而且非常实际。他会用人也会理财，尽管在某些事情上会装出毫不在乎的样子，但实际上这种特殊类型的人早已把它记在心里，并有可能一生都耿耿于怀，他可能伺机狠狠地进行报复。

木蛇——1905 年 1965 年 2025 年

这是一种诚挚、聪明的属蛇人。他能预言事物的发展进程，特别是预言历史的进程。

他需要完全的思想自由，但对爱情却坚定、持久。这种属蛇人会很好地表达自己的思想，并可能成为一名雄辩的演说家。

他很风趣，会像灯塔一样闪烁，吸引他所期望的人来达到目标，而不是去追求他们。

他有挥霍的习惯并可能为自己的风度而骄傲。因为他需要人们羡慕和赞同，所以将竭尽全力取得一个又一个成功。

木蛇的消息很灵通，他不单纯是为收集信息，而是为了每天能够使用它们。他判断强、谨慎并有敏锐的价值观，这会使他成为极好的投资商和鉴赏家。这是一个易受感动的人，非常喜欢音乐、戏剧及其他艺术。

火蛇——1917 年 1977 年 2037 年

这是一个热情、专横的属蛇人。由于思想活跃，又很好动，他的行动强劲有力。在蛇那已经可观的性格上再加一把火，能使他具有伟大的号召力和超凡的魅力。他有信心和领导才能，如果他从事政治，人们会投他的赞同票。

尽管他会举行公开论坛来征求意见或评价多数人的观点，但他生性多疑，只能相信自己。他的行动太快使人无法指责。有时，还把自己与好友的劝告隔绝，因此他会毫无感觉地使自己孤立起来。他对名誉、金钱和权力有着极强的欲望。这使他坚持得到具体的、有形的结果。由于不妥协和不屈不挠，他总向最高的目标看齐。一旦他达到了顶峰，他会无限期地紧紧抓住权力不放。

这种人最敏感、最热情而且最爱妒忌，因而表现出过分的爱或憎。

土蛇——1929 年 1989 年 2049 年

这种属蛇人热情、潇洒，他对人的看法形成得很慢但很正确。由于有很强的原则性，这使他更可靠，他能与公众打成一片，并在集中活动中能积极发挥作用。

由于高瞻远瞩，他雄心勃勃，能临危不惧、临阵不乱，他或她不会轻易被吓倒，而且不随波逐流。

总之，他是所有属蛇人中最仁慈的、最迷人的。由于他冷静、泰然自若而且很迷人，他会对朋友忠诚并会有大批支持者。

由于保守、节俭，工作努力并有条理，土蛇能在银行保险和不动产投资方面获得成功，并能量入为出。这是一个有自知之明的人，他会小心不使自己承担过多的义务。

属蛇人与时辰的对应关系

子时出生——午夜 11 时至凌晨 1 时

这是一个满嘴甜言蜜语以讨人喜欢的人。他可能是一个靠走歪门邪道致富的人。他对一切都很伤感，对金钱也是一样。

丑时出生——凌晨 1 时至 3 时

他那难以捉摸的性情和他的魅力遮住了固执的脾气。如他具有牛的耐力和意志，那会更难以对付。

寅时出生——凌晨 3 时至 5 时

这是一个热情、多变并充满怨恨的人，这两个属相都疑心很重，最好不要理会他的指责。

卯时出生——早晨 5 时至 7 时

这是一个老成、谈笑风生的人，但他给人的打击是致命的，他从来没有做过倒霉的生意。

辰时出生——早晨7时至9时

这是一种有慈善心的人。智慧与权力结合起来使他能进行真正、持久的改革。他对任何事物赞同与否，态度明朗，不留余地。

巳时出生——上午9时至上午11时

有很强的占有欲，高深莫测。你永远也不会捉摸透他，也不必枉费心机。当他找到所追求的目标时，是不会放过的。

午时出生——上午11时至下午1时

他是个快乐而幽默的人，并能看到生活的光明面。由于两个属相都感情强烈，在他们中间可能会产生花花公子和浪荡女人。

未时出生——下午1时至3时

这两个娇柔的属相结合会产生出一位具有完美鉴赏力的艺术家。而且他知道怎样维持他那奢华的兴趣，他狡猾的本性被羊可爱的性格所掩饰。

申时出生——下午3时至5时

这是一个精力充沛的、令人难以想象和不可抵挡的天才人物。智慧、魅力和洞察力集于一身，以至达到了完美的程度使他立于不败之地。

酉时出生——下午 5 时至 7 时

这是一个团伙头目类型的人物，在装饰华丽的外表下，刻着象征绝对权力的标记。他非常固执并很有学问。

戌时出生——晚 7 时至 9 时

他是个诚实的人，具有狗那深信不疑的品质和高尚的道德。他可能很有学问，因为这两个属相都善于思考。

亥时出生——晚 9 时至 11 时

他是个真正懂得狂欢纵欲的人。他很机敏，在做生意时从不上当。猪那天生的好性情使他很有信心。

属蛇人在其他生肖年中怎样度过

鼠年：对属蛇人来说这是活跃的一年。新观念和新机会将会出现，他在生活道路上有所进展，这一年将会发生戏剧性的事件，时好时坏。他的收入会抵消损失。一切问题会因友谊而得到解决。在这一年里，他不应该借给别人钱，也不要向别人借钱。

牛年：适中的一年。这一年他肯定会受到人们的挑战，并且他在财政方面会出现失误，遇到一些阻碍。他那天生的谨慎和直觉都无济于事。这一年适于大大方方地接人待物，不要过分固执己见，否则会把事情弄复杂的。

虎年：这一年有许多小事惹人生气，他可能很容易被卷入冲突，这些冲突都不是他本人引起的。并且他会觉得很难使周围的人满意。他必须保持幽默感，不要采取毫无意义的复仇行为，这样能避免大动乱并能得到他所需的帮助。

兔年：尽管有许多事情使他很忙，这一年对他来说还是相当快乐的。但他不能尽情地与他所喜欢的人共度时光，因为他要履行诺言。钱来得容易也失得痛快。

龙年：困难的一年等待着他。在生意和事业上都不会获得可观的收益。他必须警惕那些对他嫉妒和言语中伤的同事。麻烦到夏天结束，冬天到来的时候他会收到好消息。这一年应把住钱财，避免挥霍。

蛇年：尽管他会觉得他的成绩没有达到预期的结果，今年对他来说还算顺利。这一年应遵守时间，不要突然变卦。如果他打算不惹麻烦，那么耐心和冷静是基本的条件。这年生意上可能被人误解，还会有一些带有浪漫色彩的事情发生，也可能会受到一点轻伤。

马年：属蛇人在这一年里是神气十足，如果他想要实现他的全部理想，他必须抑制感情，不要匆忙。一些未得到解决的问题和烦恼的事会影响他的健康。总之，今年他会获得令人羡慕的成绩，困难是暂时的。

羊年：这一年他可能得到休整。不会有可观的收获，但也

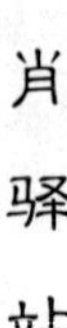

不会遭受很大损失。如果他利用这个时期结交一些有影响的朋友，对他以后很有好处，并且生活可能会平静悠闲。家里有些坏消息或小麻烦。

猴年：这一年不错。因为他能在最需要帮助的时候得到支持。他也许会不情愿地卷入冲突，但如果他不火上浇油，事情就会自然过去。这些不利条件也许还会引起过度焦虑，一定要保持中立或保守。

鸡年：非常吉祥的一年。他的成绩能大得惊人，他将得到社会承认或被提升。他的耐心和不屈不挠的精神会得到回报。家庭生活愉快。

狗年：好机会出现在他面前，尽管他或许有些小病小灾或遭人抢劫。这一年是提出新观点的极好时机，并适于旅行或请客。

猪年：这一年是紧张的一年，各种因素混杂在一起。尽管他用尽力气却收益很小。他可能会遭受由判断失误引起的财政上的不幸。或被牵扯进法律案件。他也许要与亲近的人分离。这一年要三思而后行。

不同的婚姻相配状况 12 例

蛇 + 鼠

他们都有抱负、有雄心，谁也不会停止攀登。如果他们都有正确的态度，在谁居优势地位一事上取得一致的话，这会是个有益的婚姻。他们应注意不受嫉妒心的影响，相互间不要保守秘密，能够这样，他们的婚姻就会获得成功。

蛇＋牛

他们都谨小慎微，有选择能力，他们选择了这场结合是很好的决定。他们都脚踏实地，有自尊心，还有共同的信仰、同样的动力，他们能一起期待美好的生活。

蛇＋虎

他们的生活将困难重重，烦乱不堪。两人都不能理解容忍对方的弱点。他们都感情用事，非常多疑，在生活中无法真正相互信任。他们根本没有共同语言，也无法交流。

蛇＋兔

有良好教养的她能够接受他的思维方式。他们同样孤傲，有同样讲究的偏好，他们能够浪漫而理智地共同弹奏出悦耳的乐曲。不过，这两种性格总的说来都不是乐于助人的，当他们尽量表现自我、满足一时欲望时，往往会相互忽略，这是一对平静的伴侣。

蛇＋龙

他很爱她，但占有欲强，性情复杂。她大方、坦白，易受感动。他总是反复掂量自己的行动，她要想使自己的意见得到采纳，非得与他进行较量才行。这场婚姻会因一些摩擦受到影响。如果双方下定决心，他们能把生活一浪一浪地推向前进，能建立一个有益的、有建设性的家庭。

蛇+蛇

有共同点，能够相通，特别是当他们为同一目标而奋斗的时候。他们并不过分地相互依恋。因为他们都能独立思考，他们能够不屈不挠地、坚韧地为获取权力和成就而奋斗，共同的雄心使他们走到一起。如果没有嫉妒心的妨碍，他们能共同取得很大成功。

蛇+马

他们对生活的看法并不相同。蛇是谨慎、顽强和意志坚定的。马敢于冒险，活泼易动，性情急躁。这不是非常满意的组合。

蛇+羊

仅仅在某种程度上能够相合。精力充沛的蛇丈夫全神贯注于他所选择的目标上，不喜欢羊太太没完没了地依恋他。蛇把大量时间精力投入自己的事业中，羊则任性，遇到挫折便十分沮丧。他非常理智，她却感情用事。一旦遇到什么事，他们便会发现，弥补两人间的裂痕是非常困难的。

蛇+猴

不能和睦相处。两人间常有意志和智力的较量。他们都工于心计，竞争性强，猴太太很容易激得蛇先生发火，他则念念不忘，一定要寻机报复。她善于投机，感情迟钝，常常向他挑

战。他们谁也不能从这样的婚姻中获得好处。

蛇＋鸡

他们都精于算计，很有头脑，是周密计划的行动者。他们想要的是权力和金钱，而决不愿与卑微贫穷的人们来往、交友。她讲究实效，善于持家，他是她每一场交易的幕后智囊。他们做着同样的获取声望和钱财之梦。在这场婚姻中，两人都能充分发挥自己的能力，在精神和肉体上都会得到强烈的共鸣。

蛇＋狗

他的权力欲极强，行动时冷静并深思熟虑。他是温柔、忠诚而美丽的。他们会互相赞美。但不同的生活态度会阻碍他们关系的进一步密切。

蛇＋猪

蛇先生是持之以恒、很有决断力和意志力的，而猪夫人悠闲懒散、为人随和。她这种放任的态度使他怀疑她不能理解他和他的事业。他城府很深、颇为世故，她简单、天真，对人深信不疑。他们截然相反的性格将使他们的结合毫无幸福之言。

胸中容有万千气象，异彩霞光随我变幻

看啊，我是一束闪动雷电，风驰电掣任我飞旋

我不就驾于世俗的索套，更不盲目为他人驱赶

我的精神永不屈服，我的灵魂永远自由

我是——马

马 年

对所有的人都意味着充满活力、生气勃勃的一年。生活中充满繁忙气象，但时而也会出现冒险事件，人们感到随便、浪漫和自在，是发展的大好时光，你会觉得轻快的脚步和欢腾的马步一样轻松而有力。

这时将是决定付诸实施，高效率完成计划的有利时机。所有的事情都将有所发展，只是要注意自己，不要过分劳心。这一年将成为有创举的一年，也是令人疲乏的一年。

这一年里，兴奋和沮丧交替出现，人们蓄存的精力消耗大，使人筋疲力尽。同时也是开阔思路，实践那些在梦中期待过的事情的大好时光。要相信自己的感觉，用自己的直觉观察风向，把握住方向。

马具有的冲动的情感和很强的自信力支配我们的举止，拖拖拉拉的作风会使你被远远抛下，世界经济将呈上升趋势。人们在外交及政治场合中会感到紧张，但幽默感同样很突出。

提升自己，飞腾的马加速了我们脉搏的跳动，使我们的日常生活变得紧张，充满压力感。马在奔腾中气质昂然但飘忽不定，而我们应始终保持实际的观点，既要大显身手，又要注意财力、物力所限。

总之，这一年是自由探索的一年，请保持勇敢无畏、呼啸前进的气势。

属马人的性格

据说生于马年的人性格开朗、思维敏捷、装扮入时、善于辞令、洞察力强。多变的性情会导致脾气的急躁，产生暴跳如雷、怒火中烧的情况。属马的人一般会轻易陷入情网，也会轻易脱离情网。

各种情形表明，属马的人年轻时离家者居多，即便留在家中，他们的独立精神也总是促使他们从年轻时期就开始自己的事业。他们的精力充沛，但急躁鲁莽。他们最大的优点是自信心强，待人和气，有代理能力和理财能力。不墨守成规的属马人穿着入时、好显示，遇有活动或聚会时，一般挑选浅颜色、款式奇特、华丽又俗气的穿戴。

属马人爱好智力锻炼及体育活动，人们可以从他们灵巧的举动、优美的身姿和急遽的说话速度上看到这一点，他们反应迅速，能当机立断。他们易动摇、少耐性的弱点常被灵活、开朗的性格所弥补。

马在地支排列次序中是喜好玩乐、贪图享受的花花公子和娇娇小姐的代名词。他喜欢凑热闹，对人慷慨，是个十足的乐天派。他做事灵活，如同他的爱情观一样机敏灵巧，总能支配身边的人。

马的弱点是：遇事急躁，性情固执，脾气火暴，但事过之后很快就忘记了。最根本的弱点，还是他不能清醒地认识到自己的弱点所在，也不能在短时间内改变这种弱点，他总是踌躇满志，但实施效果差，特别是每当有重大事情需要解决时，他常幼稚地满足于微小的成绩。

出生马年的人总好我行我素，爱以自我为中心，喜欢自己的亲朋在周围为他服务。这样的人总能靠着他们出众的言辞，将人们的思路引到他的想法上来，他谈起自己的想法时手舞足蹈，不把肚子里的全部想法倾出是不会罢休的。

要想充分了解属马的人，你必须清楚这一点，他或她一致坚信“追求个人自由及幸福生活”的人生目标。假如你恰恰也赞成这一信条，那么他也不会站到一边来，因为他只信仰自己的幸福。然而他又不是那种贪财、自私、有嫉妒心的人，当他做事四处碰壁时，只会发怒而不会搞阴谋诡计。

属马的人性格矛盾的现象产生于多变的情绪。他情感内向，细微的变化常不被人注意，也就是说，他靠着自己对事物的直觉去行事。若要他解释自己的直感及对事物进行推理是不可能的。但每当一项活动处于发展阶段，他那令人赞叹的潜在能力便会推进这项活动深入开展。他常一人同时从事多种活动，而且善于较好的控制局面。他的决定一经做出，便毫不犹豫地投身于他的事业中。人们看到这种人要么东奔西跑地忙于事务，要么疲惫不堪地躺倒。

属马人很难适应别人制订的时间表，而且对遵守规程缺乏耐心。这类人能胜任那种有刺激性的工作。

他会想出许多有促进性的主意，找到解决问题的高招，属马人善于解决棘手的事情。所以，如果你身旁有一位属马的人做帮手，你可以将那些纷乱如麻的事情交给他处理。当他获得处理这些事情的自由权时，他会取得很大成绩。但切记时时加以督促，不要使他松懈。

你同属马人谈话时，一定要简单明了，否则你会失去他对你的注意力。无论可行与否，都要直截了当地告诉他，他对你的态度反而会大加赞赏，欣赏你的直率、诚恳，以及对时间的珍惜。过分压制一个属马人的情感是不应当的，一旦他的情感被压抑，他会勃然大怒，拂袖而去。

马年出生的人不乐意同那些他不喜欢的人在一起，缠绵也不会吸引他。他界限分明，有主见，很难屈从他人的意志。他交际广、朋友多，并且每一天都交上新朋友，然而他从不过分依赖这些朋友。

他在烦躁的生活中仍那么活跃，会给你的生活带来一片冬日的阳光。当你的视线被吸引过去时，他一下又消失不见了，而当你正要放弃寻觅的念头，他却重新轻盈地飘到你面前仿佛从未离去过一样。

马年出生的人做事图快，也相对缺乏持久性，更不能忍受长期的困苦，却能见风使舵、灵活善变。与人来往时，决不会像在龙年出生的人那样直接破门而入，而是提前送来名片，打电话商量，在你方便之时前来拜访。

他的思路曲折、迷离，总使人摸不透他在想什么。

属马的人同好友属虎的人一样，本该收割，却反将些饱满的燕麦扔到地里。此时指出他的错误是无济于事的。他虽不情愿地接受批评，然而也只是满不在乎地耸耸肩，说声“我的

错！”。也许下次重新指出错误还是无济于事的。他只会口头上保证注意而已。

出生马年的女士，富有生气、举止轻飘、打扮时髦、长相秀丽活泼、手指纤细以及身材修长，可能是个网坛冠军或汽车司机，也许是个唠唠叨叨说个不停的女人。

她会在同一时间内修指甲、写信、看电视和照顾孩子，并且给朋友打电话。她认为休息是多余的。因而，她的娱乐活动对其他人来说，简直是花费精力的沉重劳动。如果有人提议去爬山，那么给她两分钟打背包的时间，她就会踏上这一辛劳的途程。

属马的女士喜欢将所有的事料理得井井有条，她精力旺盛，如果有可能，她会同时出现在十个地方。有时，人们评论她在与自己竞争，因为她周围的人谁也没有能力去做像她那样做事那么多那么快。

属马的女士外表像轻盈的肥皂泡，给人清新、明朗的感觉。而内心的活动也同身体一样敏捷。她们有的属于温柔型，有的也许是桀骜不驯难以驾驭的女子。但她们总能赢得人们的赞赏。家庭对她来说，只是社会活动中轻松的一部分，她决不肯长期固守一地。

她热爱脆弱的植物，喜欢户外景色与大自然的声音。她消遣的方式与众不同，大海卷翻的涛声、沙沙作响的大树、雄伟

无际的山脉以及美妙风景的森林，这一切都能唤起她遐想的激情。她一旦投身于大自然，无需他人启发，也不必别人帮助，她完全被内心的兴奋渴求所支配。如果你爱上了她，切记不要将她关在你的小天地里。

属马的男女都会很富有，然而他们的财产都不很保险，而他们也并不顾忌这点，所以很有可能会失去一部分财产。他们花钱大手大脚，爱开些捉弄人的玩笑，这是他们富于想象的性格的一点副产品而已，而且自己也不以此为过。他们爱显露头脚，在无人拿主意的场合里，他们往往爱打头炮。

属马的人对爱情危机非常敏感，如果他一旦陷入魂不守舍的爱情中，会很容易地丧失自己的一切。他一生中有许多事情在完结时出现不愉快，也许一生中会经历婚姻裂变。

出生于马年夏季的人比冬季出生的要好些。人生阶梯中的最高点在中年，那时他会变得干练，能承担责任，很少受到束缚。

属马的人最好的伴侣是属虎、狗和羊的人。另外也可结成不错伴侣的还包括属龙、蛇、猴、兔、猪、鸡和另一个属马的人。

属马的人不喜欢属鼠的人，属鼠的人也不能理解属马人的多变性格。属马的人同性情倔强的属牛人交往也会带有冲突，属牛的性格坚毅，与暴躁的马不易融洽。

属马的儿童

出生于马年的孩子性情活泼、好动也喜怒无常，好学并易接受新鲜事物。他们在强制性环境中往往表现抵触情绪，更喜欢照自己的想法和方式做事。他们也不属于撒娇、好哭的一类。这种类型的孩子好户外活动，若不给他们户外活动的自由，一味限制他们，反而会增加他们的逆反心理。

尽管他们总在邻居家转来转去，做些小恶作剧，但总能在饭前回到家里。让他随意些，他反而能遵守规矩。这类孩子的好奇心强，总是不断变换花样玩耍。

他们较早就能说话、走路。他们自信，对父母过严的管理不满，常对严格的规章制度及安排紧张的时间表表现出抵触态度。他们自己做事很求快速，是快活幸运的小精灵。

属马人的五种类型

金马—— 1930 年 1990 年 2050 年

时髦、逍遥、不驯服型。勇敢自信，又多愁善感，因而常受异性青睐。他能凭着自己敏感的直觉做事，并能取得成果。这种人稳定性差，很难让他长期守在一个地方。

出生庚午年的人喜欢寻求不断的刺激来兴奋自己。他总会产生大胆想法，不会做墨守成规的行政人员。一旦他对自己的工作不满意、缺乏兴趣，或得不到恰当的奖励时，会变得消极并且缺乏责任感，他总是想办法脱离这项工作，或者不真心实意地做这些他认为是耽误时间的事情。

水马—— 1942 年 2002 年 2062 年

出生在这年的人，干净利落，做事敏捷，不宣扬自己的身份，不大注意场合的不同。且适应性强，判断准确，因此处世泰然自若，做事从不失时机。

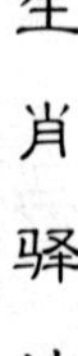

这类人爱出游，比其他年份出生的属马人更好动，会成为旅行家或体育爱好者。

他们思想变化快，可以随时改变自己的计划。有时无须思考就做出与过去全然不同的事来。他的想法与举动常来自于瞬间灵感的引发，而不是周密的计划。

他们富有幽默感，有很强的吸引力，又穿着时髦，为人随和。

当事情不随心愿时，便采取敷衍态度，听之任之。

木马——1954 年 2014 年 2074 年

甲午年出生的属马人，对人友好，有合作精神，但缺乏耐性。由于与五行的木相对，使他们思想严谨，说话逻辑性强，愿意参与社会活动，不过分自傲，不与人相争。是说话讨人喜欢，很有吸引力的人。

因其开朗向上，并不多愁善感。因此，他很能在工作和处理事务时，易旧更新。

他喜欢对不同领域的事物进行探索，当然首先是对自己分内工作履行职责。这种情绪高昂、做事热情的属马人要注意的是分清是非，小心从事。

火马——1906 年 1966 年 2026 年

这类属马人智力超群、性情暴烈，总以十足的个人意志或手段改变事情或强加别人接受自己的观点。这年是双火相逢的马年，可能是他们性情暴烈的原因所在。

他们易产生不耐烦的情绪，不易做重复性的工作。这种人聪明，有鉴别能力，但过多的聪明使他们变得容易激动。他的性格是多元的，要求活动内容多样化，愿意从事多种职业，喜欢周游，爱好各种活动。

在管理某项工作中，要求工作效率，很少接受他人的指导，有时连自己助手的意见也不能接受。

他在短时期里能应付多种事与人，善于解决棘手问题。

丙午年赋予这年出生的人足智多谋、办事灵活且不保守的总体性格。

土马——1918 年 1978 年 2038 年

这部分属马人做事、说话讲究精确，爱与志趣相投者为友，行动比较缓慢，做事缺少当机立断的作风，总要将事情考虑再三才肯动手。

五行中的土是支配他们的主要因素，使他们说话有逻辑性，滴水不漏。他服从上级，也服从分配并安于所从事的工作。他的感觉敏锐，易发现问题，如可行的投资方案等，能使衰竭的生意复苏，对落后的事业有促进能力。

虽然他们属于“三思而后行”的人，但对小事又从不考虑，任其放任自流。有时也推诿一些能胜任的工作，却又可能接受他胜任不了的工作。

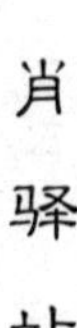

属马人与时辰的对应关系

子时出生——午夜 11 时至凌晨 1 时

令人愉快、与人友好的马与性情温柔的鼠相对，表示发财与存钱的吉兆。

丑时出生——凌晨 1 时至 3 时

举止潇洒又自相矛盾的马在牛的吼叫声中消失了不安，做事更扎实，也不易陷入疯狂的恋爱中。

寅时出生——凌晨 3 时至 5 时

虎具威力，马善摆脱困境，是一种巧与力的恰当结合，只是虎不要随便在马后窥视。

卯时出生——早晨 5 时至 7 时

举止娴稚，喜欢精美食物，有挑食的习惯，与不厌粗糙食物的兔正好协调。

辰时出生——早晨 7 时至上午 9 时

任意奔腾却有时停滞不前的马，由龙的巨大威力所控制，会产生对旁人估计过高的现象。

巳时出生——上午 9 时至上午 11 时

蛇马相逢，蛇如能将聪明分给马，会使马行动稳健，在蛇的谋划中增强获胜信念。

午时出生——上午 11 时至下午 1 时

二马相遇，优雅又活跃，风度大方却不安定，且自负任性。

未时出生——下午 1 时至下午 3 时

马失去了暴脾气，举止带有了羊的温驯，富有怜悯心，但举止轻佻，爱凑热闹。

申时出生——下午 3 时至下午 5 时

猴马均有快速、敏感、活泼和好动的特性，经常显示自己。说话圆滑，不易被人牵着鼻子走。

酉时出生——下午 5 时至晚 7 时

竞争意识强，有执著性格的马，得到处世态度乐观、无所畏惧的鸡的补充，便再不会为世间烦恼而缠绕。

戌时出生——晚 7 时至 9 时

狗马结合会产生实践性强、思维敏捷、忠实和自信的性格特点，同时又会发生毛手毛脚、不耐烦以及易生气的缺点。

亥时出生——晚 9 时至 11 时

富有协作精神，做事比较扎实的马同猪的憨直性格相混合，更使其不易动摇。但为人处世过于自傲。

属马人在其他生肖年中怎么度过

鼠年：该年对马来说是个不利的年头，困难不断出现，还会遇到一些令人不快的荒诞事。马必须不断抗争，特别是依靠法律手段来解决问题。家庭经济也会有拮据现象。这年应倍加谨慎，采取保守态度，切不可借出和借入钱财。

牛年：这是属马人顺利的一年。但他仍要努力工作去实现自己的目标。少量棘手、意外的问题也许会再现，但他可以吸取外在力量掌握住自己的命运。这一年能存些钱。问题的发生来自孩子或一些小事情。

虎年：这一年属马的人有喜有忧。不会有疾病缠身，但会有大量额外开支。因此，这一年即是他学习、发展的一年，也会由于发脾气导致世人断交。

兔年：是属马人有利的一年，特别对投资经营有利。生活会一帆风顺，会听到很多好消息，家中也会添人口。这一年可以保护他的冒险碰不到麻烦。

龙年：好坏相交的一年。这一年不稳定，有许多棘手的事情，还有疾病的发生，将考验属马人的耐力。但也不必将事情想得那么糟糕，这一年的风暴必定会过去，灾难一定不像预卜的那么严重。这段时间要多看生活的光明面，与人为善，避免树敌。

蛇年：是诸事缠身紧紧张张的一年。这一年要消耗属马人大量的时间与精力。各种困难多出自同事甚至朋友之处，做事总有看不见的阻障。但他将获得家庭的后援。在这一年里他的事业不会有大的发展。

马年：这是属马人繁荣的好年头。清醒的头脑、事业的主动性会给他带来快乐与满足。这一年无须耗费很大精力就能实现自己的计划，但这是容易染病的一年，所以这一年里要避免探视病人，不要在不需要出现的场合出入。另外，也不可同朋友、同事断交。

羊年：对属马人来说是平稳一年。有出门旅行、搬迁家舍的可能。所遇的好事坏事大致均等，不会遇到大问题。

猴年：是个吉祥年。有意想不到的发财机会和突如其来的收获。能够顺利找到所寻的东西。但应注意，有时会发生小事故。这一年家里也许会传来不幸的消息。来自外人的麻烦不会影响到他自己。

鸡年：平淡的一年。这一年他会收到家中的好消息。在工作、生活中会受到轻微的打扰，这些小困难会影响他事业进展，使他产生沮丧情绪。

狗年：是与属马人专业有利的一年。只要认真，就会轻松通过考试，或者找到自己寻求的工作。他会引起某些重要人物的注意。这一年也将暗示，他的家庭也许会出现法律诉讼之事或是家庭经济不景气。

猪年：对属马人的事业是不利的一年。他成功的可能往往被来自外界的影响所破坏，疾病也会在这一年拖延他的计划。他投资的项目会受到意外的阻碍。他不得不去应付各类复杂的事情，而且还会遇到麻烦。

不同的婚姻相配状况12例

马＋鼠

无论在精神上还是肉体上，他都需要自由。她头脑清醒、勤奋，一往情深。她甘愿沉浸在小家庭的柔情中，他却非得在一些未知的领域内不断求索。她机智、精力旺盛，而他喜欢冒险，轻涨易变。性格不同使他认为她太专横。她认为他太自私，不体谅别人。他则设法取得主动，占有欲太强。在仔细权衡之后，他们发现谁也没有足够的吸引力能使这场婚姻持续下去。

马＋牛

前景并不美妙。对于有条理、讲规矩和虔诚的牛夫人来说，马丈夫反复无常、神经紧张，太外向。他常常轻易就激动起来，她却太冷静，无法调节他的情绪。他尊敬她，但不喜欢她的刻板式的含蓄。而他的无忧无虑和变幻无常的心境使她感到无所依靠。两人的共同点实在太少了。

马 + 虎

共性很多。他们因同有对生活生机勃勃、热烈欢乐的态度而结合在一起。他受她活泼的天性感染，她则被他丰富、生动以及自信的举止而吸引，他们都是使人愉快、富于魅力的人，马丈夫会千方百计地挣钱，虎太太则竭力扮演好容光焕发的女主人形象。他们致力于同一个目标。再没有比这更成功的婚姻。

马 + 兔

由于性格的差异而不太协调。他往往因她那超然、谨慎和无懈可击的态度而生气。如果他能打消她的疑虑，证明自己是个肯于奉献的、能挣钱养家的丈夫的话，她还是深情、能鼓励人和有风度的。结果是双方都感到不满足和不幸福。

马 + 龙

还算合适。马多才多艺，足智多谋；而她对新奇、令人兴奋的建议总是乐于采纳的。他们都有向往一种兴旺活泼、动荡不安的生活，他们都不是家庭型的人，谁都不甘心守在家中。

马 + 蛇

他们的婚姻未必靠得住。两人都是才思敏捷的、现实的人。但他有时心猿意马，渴求自由和变化，她对此颇为反感。如果两人结合，双方必须都是无私的。

马＋马

可以结合，他们的生活工作节奏是相同的。如果他们出生于不同季节则更好，那样他们的生活会更富于变化。他们都热情奔放，但又独立不羁、永不知足。他们都厌烦日常的琐事，也受不了约束，所以他们很难为家庭建立稳固的基础。

马＋羊

她娇生惯养、敏感而善良。他乐观、实际，能把幽默感和意志力灌输给她。他能够轻松自如地与温柔的羊太太相处。羊太太富于同情心，只要他能让她高兴，能把被她夸大的难题三下两下地解决好，她就能容忍他的自私。他们能互相补充，是非常美满幸福的一对。

马＋猴

他们都有不凡的智力和适应能力，能够克服阻挡他们前进的各种困难。但他们太相似了，容易产生相互的不敬。猴太太天性乐观，追求享乐，马先生自信多谋，能使别人服从于他。他俩很可能因互不相让而关系破裂。

马＋鸡

不算和谐，但有时还是切实可行的。马先生聪明活泼，而鸡太太坦诚热情、很有见识。他可以相当漂亮地将工作开一个好头，然后感到厌烦，便草草了事。如果他们认为两人的结合

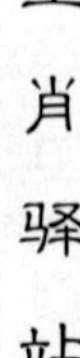

还是有益的话，就不会受对方缺点的过分扰乱。

马＋狗

这是能够持久合作的一对。他们都是朝气蓬勃、感情外露的人，他们的结合能够使双方都感到真正的乐趣。他爱她的幽默、清醒富于条理。她很现实，对马先生的短处能够理解和接受，他也不会为她那粗率无礼、遵从旧俗的举止生气。

马＋猪

他很有说服力、吸引力和号召力，足以说明厚道、随和的猪太太对他的愿望让步。她则心地善良，并且合群，愿意同快活的马丈夫一起做事情。但双方容忍对方的弱点很难。

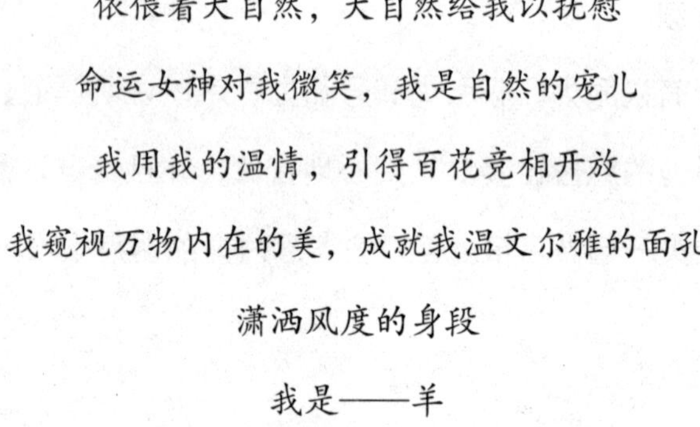

依偎着大自然，大自然给我以抚慰

命运女神对我微笑，我是自然的宠儿

我用我的温情，引得百花竞相开放

我窥视万物内在的美，成就我温文尔雅的面孔

潇洒风度的身段

我是——羊

羊　年

羊年是继生气勃勃的马年之后一个平稳的年头。这一年益于人们休养生息。这一年里，事情发展平缓，人们发现自己更为细腻多情。羊年的影响会使人们更靠近、依赖家庭。人们会更加注意身边发生的事情，对于时间与金钱也不像以前考虑那么多。

这一年是艺术之年，它会使人们勃发内在的创造力，在艺术美的探索中丰富人们的想象力。羊年有种悲观厌世的情绪影响着人们，使人过分敏感，对一件小事也会产生烦躁不安的现象。人们在事业及工作中，稍不随意便会泄气或吹毛求疵。

在国际间，这一年将是平稳、相互克制的一年。这年宜于广交朋友、外出旅行，或潜心于艺术研究、古董赏玩。但是切记捂紧你的钱口袋，你会在这一年的超支消费中失去钱财。

属羊人的友好性格，与人为善、和平共处的原则，会使这一年很多地区动乱得以平息或缓解。到处都可见到和平景象，战争、国际争端及纠纷将会在羊年结束。

羊年带来的万象平和的气氛使事物发展速度变慢。那些其他属相的好动之人，在这年切记不要匆匆地行事。这一年是自我反省的一年。

属羊人的性格

在中国人的心中，羊是最富温情的属相。出生在这一年的人被称为乐善好施者。他们往往为人正直、亲切，易被别人不幸经历所感染。他们脾气温顺甚至有些羞怯。当他们的各方面都处于高潮时，往往是风度优雅的艺术家或是创新型的人才，而当他们的事业及其他方面处在低潮时，则是忧伤多感甚至悲观厌世。

属羊人常因举止优雅，对人富有同情心而被人称道，他们能轻易谅解别人的过错，理解别人的难处。他们不喜欢十分严格的约束，不能严格要求自己，对人也很少加以批评。他们喜欢儿童和小动物，是个自然主义者。他们很会理家。尽管他们性情温和，不善于反抗，但在一定压力下要求他们要做的事也是不可能做成的。

属羊人克己的外表和内心的主见容易出现不一致的状态。遭恐吓时，他会宁愿含怒不语，也不愿将自己的想法加以反复说明，更不愿表现出他的扫兴。他在沉默的僵直与愠色中坚持己见，属羊人大多在童年时代都是受父母娇惯的。

中国人相信幸运之神总是向属羊人微笑，因为他们有颗纯洁、善良的心。他们在时间上慷慨，在金钱上大方，当你落得无处安身一贫如洗时，你要相信属羊的朋友绝不会见你处于困境而不顾的。属羊人一生中总拥有三件大事：食品、住所和衣物。无论他到那里，他都喜欢与人交往，对愿和他合作的人以诚相待。一个属羊人意味着他将来有美满的婚姻，他不仅能得到生活伴侣的爱，也能受到其他亲属的爱戴。

据说生于羊年冬季的人一生中能遇到多种坎坷，因为冬季对羊来说是一个无食季节，在这个季节中羊是要挨饿的。但无论属羊人陷入何种逆境，始终不为生活必须的条件发愁，人们会在他受难时，加倍关心他。羊的属相排在第八位对中国人来说，“八”是繁荣的象征。

属羊人有极好的命运，人们常常出自内心愿意赠予他们钱财，即便是最穷的属羊人也能从他们的父母或亲属那儿得到一些有价值的物品。他们能得到贵重的礼物，有钱有势的人把他看作他们的保护伞。他们会被那些名人看中，做他们的弟子。总之，命运极好的属羊人总不会遇到什么难事，他们每一次失败都会被那些关怀他们的人挽救回来。

属羊人遇到自己有兴趣的事时，常以非强制性手段来实现自己的愿望。他们不愿做的事，也总是以极大的耐心和忍耐力借口推辞。人们不会知道他们的情感变化，除非激怒了他们。总之，他们最善于平息风波，营造周围和谐的气氛。但他们也有做不到的时候，便会跑回家里去，求“大哥哥”的帮助。

属羊人遇事转弯抹角的态度会使其他的人感到讨厌和恼火，但没有办法，这就是属羊人的脾气。他们当中那些层次较低者更是让人火冒三丈，别指望他们能将心里话一次掏给你。你必须通过接触，一点一点地去了解他们。并要时时向他们表明，你任何时候都不要发火。同属羊的说话时要给他们留有余地，听他们说话时要频频点头表示赞同，这样他们才能同你很好地进行交流。属羊人的时间观念不太强，所以你同他们接触，要不断重新安排你的时间。如果这一切均不见效，你可以用强制性手段来对付他，拍桌、跺脚也可以大喊大叫，像一头发怒的狮子，表现出你对他的毫不关心与同情，之后你会发现这种

"伤害"会适得其反，"愈合"羊那神秘的"伤口"，使你们之间的紧张空气很快就消失了。

性情温柔的属羊人需要与强者及能控制他们的人为伴。他们要在性格的控制下工作，才能发挥自己的才能。态度强硬的秘书和带有强制性格的同事会使他们的工作效率大大提高，尽管有时对他们的要求近乎无理。简言之，要想办法利用各种方式去掉他们的依赖心理。

属羊人总是将自己束缚在自我的小圈子里，他们离不开自己的家庭，也不能缺少自己喜爱的食物。他们不会忘记自己的生日及其他节日。每到这些特殊的日子，他总要以炫耀的形式来庆祝，特别是他们自己的节日，更是倍加敏感，如果你忘记向他祝贺生日或他住院时，你忘记去问候，他会感到哀伤、心碎和难以忘怀。

属羊人性格忧郁、多愁善感，看问题时目光也总是忧暗的，把事情想的很糟。他有待于人用强烈高昂的情绪去驱散他内心的阴暗，期望周围的人给他热情和支持。他希望周围能有更多朋友。属羊人的缺点之一是一遭困境的打击就不会轻易摆脱苦恼，别人早已忘了他的不幸，而他还深深陷在痛苦之中。这种人另一个缺点是做事犹豫不决。他们典型的错误则是不能将自己的收入花费在适当的地方，把钱随意散发。

属羊的年轻妇女喜爱讲究，服装爱用褶边及其装饰品。他

们会花很长的时间化妆，打扮自己，以显示自己的漂亮。她们举止高雅，每日清晨都在自己的房间摆上一束花，增强自己年轻的朝气。属羊的中年妇女清洁成癖，十分注重个人卫生，讲究处处干净、整洁，他们把自己的孩子打扮得干干净净、漂漂亮亮，就像是要送出去展览的样子。他们挑选服装及身上的佩戴物都很讲究无懈可击。

属羊的姑娘会坦诚地表示出她对所喜欢的人的感情，她会天天陪伴着他，把他当成自己最可信赖的人。如果她不喜欢你，那么我衷心地劝告您不要埋怨她，她也只能不理睬你而不像属牛属龙的姑娘那样手持木棒把你赶出去。如果她对你中意，也只是握握你的手，因为她认为卖弄做作就是“勾引”。她讲话不明，“是”也许意味着“不是”，而她所表示的“不”就是“可以”的意思。

羊年出生的人会用小聪明弥补自己的薄弱之处。他们善于利用巧妙的手段与暗示获得自己渴望得到的东西。他们精于“软磨”战术，所以不能低估他们的能力，莫名其妙的丢盔卸甲败下来，使他心服口不服。他们以镇静的态度、悲天怜人的语气对于摧毁他人心中的强大堡垒十分奏效。他们即使是在法庭上为自己辩护，以那真诚感人的态度代替了更多语言，以获得人们的同情。

当然一个例子不能说明所有的问题。大多数属羊人虽然随遇而安，但他们对于荒唐的错误还是持不满态度的。总的来说，人们还是非常喜欢他们，因为他们心地善良、本质好，他们乐意与他人分享自己的所有，因此与人们相处很好。

属羊人从不破坏自己与友好人们的关系，他们最多就是采取不参与活动的方式避免纷争，以免事后落得埋怨。他们感觉敏锐，与人相处多是君子之交，更多的时候是陶醉于多愁善感的幻想中。

属羊人渴望吸引人们的注意力，对他们的能力与特长的赞赏会使他们心花怒放。属羊人应该从事那些能发挥自己特长的工作。在审美方面，他们有高雅的欣赏能力。如果要给属羊人一句忠告，那就是不要挥金如土，多从事实践活动。

属羊人出生日若不是龙支配的辰时、蛇支配的巳时和虎支配的寅时，那么他不易做要求责任心很强的工作或快速决断的工作。他们只能在自己的秉性支配下，干那些奉公守法但没有更多要求的活儿。

可以说属羊人一生中不必为谋生而艰苦劳作，好事总会自然地来到他的身边。他们喜欢豪华与安定，他住在宽敞明亮、空气清新或是布置淡雅的房间里，情绪总是昂扬的。

属羊人一生需要一个强壮、忠诚的人为伴，思想外露、激情充沛的属马人，以及与属羊人秉性能产生平衡的属蛇、龙、猴以及鸡的人都会相安共处，和谐一致。

属鼠人会讨厌属羊人的大手大脚、花钱如流水的作风以及缺乏自信和懦弱的本性。属羊人在性格稳健的属牛人和好动不好静的属狗人那里也得不到同情、理解和快乐，因为“牛”与“狗”都没有听“羊”絮絮叨叨使人怜悯之言的耐性。

属羊的儿童

出生羊年的孩子性情柔顺，是父母的掌上明珠。他们往往因过分宠爱而无顾忌地把房间弄得乱糟糟。由于对艺术的敏感和对美的喜爱，他们愿意听音乐，喜欢诗歌，喜欢洗澡时四周飘散的香皂的芬芳气味。他们遇到事情不喜欢自己动手，喜欢在人前表现得柔弱、谦恭。

他讨厌别人取笑他。如果在学校受到严厉的批评或同学们欺负，他就不会愿意在这所学校继续学习下去。他愿意交一些身强力壮的同学为友，求得庇护。每当情绪消沉，他需要大量的安抚和同情的话来使他重新振作。他的好幻想和易受惊吓的特点使他容易生病。

如果属羊的孩子在家里受到优厚的待遇，他是不会轻易离开家的。他喜欢穿戴整齐，安排事情层次分明，当他决定收拾、布置自己的小房间时，他会将他的小世界摆弄的井井有条。他性格中的谦恭和耐性与情绪多变的特点达到平衡。

属羊人的五种类型

金羊—— 1931 年 1991 年 2051 年

这年出生的属羊人对自己信心十足，深知自己能力的价值。他们凭着极强的敏感，在每次活动中出现在最前面，以显示自己的力量和富有，而他们的力量并无坚实的基础。

当他出生时辰遇到金，会增加他对艺术美的喜爱，促进他不断地潜心研究在各种事物中存在的美。他的房子的装饰就是优美的杰作。

这种类型的属羊人追求家庭经济，怀疑对外投资的保险性。他所提供的服务项目收费昂贵，尽管他也不反对不时地给人们提供免费餐券。

他们的社交范围局限在他感兴趣或对他有利可图的人中间，他往往是看准了这些人的事业已有大进展后才进入他们中间。

在他们镇定自若，总有外在援助的优越性背后，还是隐藏着一些不稳定因素，使他们有时会改变温和友好的性情，对别人产生嫉妒心，拼命维护自己的利益。他们简直忘记了他们应该允许他人有自由权，而不能随心所欲地使用别人，也不可在与别人斤斤计较中夸大自己所做的一点点贡献的价值。

水羊—— 1943 年 2003 年 2063 年

这类人对别人有绝对的吸引力，他们身边总有不少人照顾、维护着他们，一旦需要，他们能立即招来一个大队前来相助。

他们谈吐文明，但知识并不丰富，性情温顺但也不会随意受人摆布。一旦他们生辰与水相遇，他们的反抗精神会得到加强。一般情况下，他们的性格易被人支配，遇事会随着那些对他们有影响的人的意志行事。他们害怕自己的生活方式发生变化，不大愿意冒险。

尽管他们性格不是很强硬，但他们的内心还是存在着反抗的因素，一旦感到被压抑而不能容忍时，他们也会不顾一切同别人展开较量的。

木羊—— 1955 年 2015 年 2075 年

这一年出生的人是思想活跃、说话幽默的类型，他们举止安详、善于思考、思维敏捷也有奋斗精神。因为以木为本，所以不会有轻浮的举止。他们慷慨大度，做事严谨，为人庄重，对自己要求严格。

这种可爱的人十分信任、依赖他们认为可信的人。他们相信人幼稚到甚至不惜自己生命的程度。他可以做出完全不必要的自我牺牲的行动来，尽管他们十分清楚自己潜在的价值，但个人甘心受他人支配，因此与人保持一团和气。

他们乐意照顾别人并为别人做出牺牲，他们会收留那些不幸的人，而且会因帮助那些不幸者而陷入困境。

但是，他们的善举和怜悯心总会得到报答，当他们需要钱

财时会得到大量援助。

火羊——1907年 1967年 2027年

这一年出生的人自信心强，做事有一种来自内心的勇气，并将这种勇气体现在他的工作中，只是不够扎实，创造性也总体现在华而不实的表面上，而不能真正坐下来搞实实在在的研究与发明，写文章也总追求内容空乏而辞藻华丽的东西。

他们尽可能地为自己营造一个稳定的家庭，因为从小就受溺爱，他们渴求永远有一个自己的安乐窝。他们在经济上很富裕，不大注意掌握自己的经济。

火使他们精力充沛，但易怒，一旦惹恼他，他会大喊大叫。他有时风度优雅，有时又不能镇定，好感情用事，而不是以理服人。

土羊——1919年 1979年 2039年

这类属羊人天性乐观，有很强的独立性。尽管他们对家庭成员忠诚、关怀，但不妨碍他要求在某种程度上的独立。

“土”使他们性格中多有保守，小心谨慎从不乱花钱，但并非财迷。作为属羊人的成员所共有的爱豪华特点，他们也未必能独树一帜，别人认为奢华的东西，在他眼里是必备品。

他们是做事严肃的人，不但工作中严肃负责，而娱乐活动也很认真，他们也喜欢帮助朋友，对别人的困境不会熟视无睹。

尽管他们情绪稳定，情感外露，但受到批评时往往表现出强烈的自我辩护甚至神经质。

属羊人与时辰的对应关系

子时出生——午夜11时至凌晨1时

羊鼠相遇使人灵巧、敏感和自我放任，但很幸运。鼠又可协助羊增强独立性。

丑时出生——凌晨1时至3时

兼有羊的楚楚动人与牛的粗鲁而朴实的特点。恪守时间，保守性强。做事爱我行我素。

寅时出生——凌晨3时至5时

在虎的影响下，羊的性格精明、圆滑又鲁莽。创造性强，有革新精神，舞台表演能力强。但坏脾气使他易激动。交友不够可靠。

卯时出生——早晨5时至7时

羊兔结合，聪明、谦逊，但缺少慈悲心，工作干得不能使人感到非常出色，不愿参加更多的活动。

辰时出生——早晨7时至上午9时

龙羊的结合带来的勇气和坚定的意志，极大地鼓舞他将自己的计划付诸实践。但他仍需要更加明晰的鉴别力。

巳时出生——上午9时至11时

蛇使羊自信、有竞争意识、有主见以及做事有条不紊，既精神又含蓄。

午时出生——上午 11 时至下午 1 时

性格好动、善于表达和举止高雅，马支配着沉稳的羊去寻找钱财，而羊懂得更多的是如何施舍这些钱财。

未时出生——下午 1 时至 3 时

羊又遇羊，忠于职守，但在许多事情上总是依附于人。也喜欢别人为自己服务，尽管有不少难处，但基本上是一个优柔寡断没有见地的人。

申时出生——下午 3 时至 5 时

猴使羊增添了积极参加活动的热情，增强了他的自信，具备了猴的活泼乐观的特点。喜欢看事物好的一面，遇事爱讨价还价。

酉时出生——下午 5 时至晚 7 时

羊的依赖性同鸡的活跃思维结合毫无疑问会更聪明，具有良好品质，重精神而轻物质利益。但在生活上要靠别人支配。

戌时出生——晚 7 时至 9 时

此时出生的属羊人思维活跃、敏感，还有狗赋予他的坚定，使他能正视现实，不轻易掉眼泪或自我怜悯。

亥时出生——晚 9 时至 11 时

爱抱怨，常哭诉自己的难处。可喜的是，强健乐观的猪能使他最终度过困境，不陷入绝望之中。

属羊人在其他生肖年中怎么度过

鼠年： 这一年对属羊人来说是极为有利的一年。他能参加诸如猜奖、赛马等之类活动，意想不到地获得钱财和礼物。他在这一年会得到生意成功的机会。家庭在这一年平安无事，在各方面都不会遇到棘手问题，身体也健康。

牛年： 牛年对属羊人来说是经济上极其艰难的一年。这一年中他的亲属朋友不断向他索取东西，和他发生争执，产生误解。这一年各种额外款项的支出会使他经济窘迫。除了缩衣节食，他在这一年很难有其他方面的经济来源。

虎年： 这是一个有喜有忧的年头。属羊人在这一年中会获得勇气和力量，但仍需艰苦奋斗。家庭生活会平缓，麻烦来自亲戚间。这一年的工作会非常紧张，但可以遇到对他有利的机遇。

兔年： 羊在兔年平平淡淡。他的经济消费主要用在零敲碎打、购小物品上。他在这一年中要为家庭原来的不和而遗留下来的问题所烦恼。他在这年会因事故受伤，但他一年收入的增加会持平甚至高于损失的部分。

龙年： 对属羊人来说，龙年是令人兴奋而又紧张的一年。虽然在这一年他会遇到不少纷争和经济拮据，但没有大的灾祸。属羊人在这一年里很难积累资金。如果在这一年中不赌博，对自己的生活做大的变更，那么他还是能够令人钦佩地摆脱困境。

蛇年：这一年是属羊人的吉利年。属羊人会在这一年中增强活动、提高地位，并且出人头地。有影响的人物会帮助他。他在这一年会收到额外的钱财。他的坏习惯会在这一年偶尔出现，影响他的进步，然而他的目标最终会在这一年实现。

马年：是羊平安无事的一年。无论是家中还是工作上都不会遇到大问题，即使遇到一些前进路上的小麻烦和障碍，也不会费力就得到解决。这一年他会患伤口感染类的小病。总之，这一年是繁荣的一年。不过也许会有以前发生过的麻烦来重新打扰他。

羊年：是个不大吉利的年头。这一年会以充满生机和希望开始，属羊人制订他的发展计划，并会受到很多邀请。但随之而来的便是纷杂的矛盾和棘手的问题。他的收入在这一年急剧下降。总之，这一年宜少说多做。

猴年：这是属羊人的吉祥年。他会非常积极主动地在这个创造年繁忙地工作。这一年他很少碰到难题，健康状况良好。

鸡年：这是充满娱乐气氛、花销大的一年。属羊人在这一年中支出比收入多。他在家庭经济问题上遇到困难。因此这一年最需要注意的是自己的经济开支。

狗年：这是属羊人苦恼的一年。他们在这一年中不得不处理各种令人不快的事情，要支付债务，还会遇到男女关系问题及家庭纠葛。这一年做投资生意和出门旅行都于他不利。他在这一年应采取收敛、保守的做法。

猪年：这是令人比较烦恼的一年。属羊人刚刚由上一年的倒霉事中摆脱出来，他的地位也还不稳定，由于对朋友、同事还存有戒心，精神仍较紧张。他在这一年中不大过问家事，精力集中在怎样集资以弥补上一年遭受的损失上。

不同的婚姻相配状况 12 例

羊 + 鼠

两人都有魅力，并热情、纤弱，但共同点仅此而已。她的点子很多，爱寻根问底，工作努力。羊先生与他勤奋的配偶相比，就可能显得太漫不经心。她节省和珍惜钱财，他却在心血来潮时铺张浪费。她总是机警、实际和清醒的，他有创造性，但容易感情用事，有时消极等待。她被惹恼时会很琐碎地挑剔。他觉得她心中太有数，无法与之交流。在这种结合里两个成员不易相互了解。

羊 + 牛

羊先生是悠然自得的艺术型。他高兴时会活得津津有味。牛太太持家尽责对家里人照顾得很好，但他颇不愿满足他那些不切实际的放纵要求。他需要在爱和赞许之下才能发挥自己的长处。她期望一切有条不紊，常会对他发布命令。双方需要作出妥协才能够和平共处。

羊＋虎

羊丈夫有家庭型人需要的温情和了解。虎太太喜怒无常、不循常规。他很容易被她那些突如其来的发作和戏剧性的表演所伤害。他彬彬有礼，需要家庭宁静舒适，但她接受不了他慢条斯理、瞻前顾后的性格。她太强了，非他所爱；他又太弱，把握不住她。这个结局将是两人不欢而散。

羊＋兔

两人个性相配达到极好的程度。如果让精明、乖巧且很有城府的兔太太来领导，她会帮助羊丈夫以他的天赋取得巨大成功。双方对彼此的心境都很敏感、关注。这桩婚姻充满了爱和幸福。

羊＋龙

这种安排一般还可以。羊丈夫对龙太太的风采和优越个性着迷。她也被他的善良和诚恳所吸引。从不利的一面说，羊丈夫胆量太小，不敢尝试龙太太那些雄心勃勃的做法；龙太太则认为羊丈夫太保守、不敢冒险，合不上她的标准。他需要依靠她的激励，但她也会把他逼出忍耐的限度。这个结合需要一个尝试期。

羊＋蛇

这桩婚姻不是纯粹的田园诗。如果双方诚心诚意地努力，事情会妥当的。两人都很务实，对创新和美的事物能够接受。

羊＋马

他是家庭型的人，很能顾家，给他好动的马太太提供了一个安全后盾。另一方面她很快乐大方，弥补了他的消极心。她有能力，讨人喜欢，善于领会细微的迹象。他驾驭她是通过给她充分选择和诱人的自主权，使她留下来调剂他的生活，是一种有力的、或许是持久的结合。

羊＋羊

羊先生十分关心他家庭的福利，但在此结合中羊太太最终成为两人中的强者。两人都爱享受、爱依赖别人，但他们的力量结合为一体时就能够成功。他在周围无人可以负责时就会负起责任，而她喜欢做个幕后人物。两人都是好管家，富于同情，能容忍对方的弱点。他们都注意不袒护或纵容孩子。

羊＋猴

彼此无深刻记忆长久的吸引力。因此猴太太对羊丈夫来说性格太复杂和自私自利。他的兴趣和活动比较压抑，她的造诣和机智会使他烦乱不安。不过无论他多好脾气和善意，他也无法接受她那些轻率的要求。她聪明、动人，一旦发现了他的弱点就会牵着他走。他有创造性、头脑单纯也有同情心，但这些特点得不到猴太太的赞许，因为她喜欢心中有数的人。

羊＋鸡

他心好、体贴，对任何事都坚持不懈。她爱探究、分析和

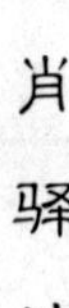

操纵别人的生活。他悲观且主观，她乐观且客观。她会说和这么一个多愁善感、放任自流的人打交道真困难。他们在基本立场上有很大不同，这使他们不容易忍受彼此的特性。

羊＋狗

这种关系是不好协调的，因为狗夫人太实际，不知不觉地总要批评羊丈夫的散漫，数落他的弱点，这使他愈益悲观。她讲道理、很温情，但不是总愿用些必要的小谎话来安抚羊丈夫的肝火。他需要很多同情和支持来促进他积极的方面。他严肃、冷漠，会被她的抱怨和自我欣赏激怒。两人不太相投，因为各自激发的是对方的消极之处。

羊＋猪

因为是深挚的结合，显然没有摩擦。双方都不在乎作出让步，但喜欢把家作为活动的中心，猪太太很合群，不像羊丈夫那样敏感，羊丈夫由于含蓄的天性，容易产生戒心。她不像他那么好想入非非，善为人、会交际，减少了他的羞怯。另一方面，他能够弥补她缺乏的新意，并迎合她对温暖与合作的热切要求。

我悠悠出没于天宫，机智而灵活

翻滚腾跃如魔幻，真令人赞叹

自信自得无人比，一切出本源。

乐哉乐哉无所求

我是——猴

猴 年

猴年利于任何工作的开展。这年支配人们从各方面去尝试想要做的事情，甚至有些人认为不可能实现的冒险举动也会出人意料地取得成绩，这一年会出现许多新发明、新创造，各个领域中都将出现改革的新气象。人们的政治、外交、大笔投资以及大宗买卖激烈竞争。这一年对每个人来说都是获得机会、施展身手的时候。这一年中不会出现任何的直接冲突，因为猴对自己不讨人喜欢的行为报之一笑的态度，在很大程度上缓和

了与别人之间的矛盾。

我们发现在猴年每个人都想靠自己的才智从竞争对手那里找到好处，谁能获胜，无人说得清，就像左手与右手，到底是哪一只手支配哪一只手，是无法验证的。但是有一点很清楚，这一年是每个人进步很大的一年。这一年中，人们热情高涨，每个人都在随着猴年前进的浪潮向前涌去。

这一年人们会凭着猴的幸运去搞投机生意，不是按合同、契约实实在在地实行计划，而是冒险式的打赌。这一年甚至可为那些总是跟不上发展潮流的、迟钝的人广开进财之门，猴年不给人们准备退路，也不会给人们提供退缩后再向前的机会。如果一个人在这一年采取保守、退却的方式，那么不久他就会断送自己的一切。

属猴人的性格

十二属相中猴与人有密切的联系，它表示猿。所以毫不奇怪它为什么带有人的智慧和虚伪。

在中国人心中，猴代表发明家，即兴诗人和善于调动他人积极因素的人，还表示那些狡诈的、有魅力的骗子。属猴的人能够头脑冷静地处理那些错综复杂的问题，他们还是有进取心的人。他们掌握世间很多知识，无论他选择何种职业，将来都

能获得极大成功，特别是有能力成为语言学家。他们的一生中没有很强的竞争对手。

不利的一面是，属猴的人有着强烈的自我优越感，他们对别人不很尊敬，总是从自己的利益出发，过多考虑自己的得失，他们会是极端自私自利又极爱虚荣的人。他们由此会产生很强的嫉妒心，每当别人有进步或别人有的东西他没有时，这种嫉妒心便不可厄制地表现出来。他们的竞争意识很强，但善于隐藏自己的想法，善于背后制订自己狡猾的行动计划，为寻求生财之道进行周到的谋划。在显示自己的力量方面，其他年份出生的人是不能与他们相比的。

出生猴年的人是天生的多面手，他们将会成为优秀的演员、作家、外交官、律师、运动员、股票经纪人和教师等。他们是出色的社会活动家，能同任何人往来。如果他们欺骗了你，你不会知道是怎样被骗的。

属猴人多面性的品格之一是坚定性。尽管他们当中有些人看起来那么害羞、爱脸红，但在他们心中也正藏着不可动摇的想法。然而，将所有出生猴年的人都说成自私的，嫉妒的也不准确。他们没有直接参加某些活动时，对从事这些活动的人并不大在意。他们遇事也并不是故意与人为敌，而是有些考虑不周，考虑别人较少。

属猴人显示的是他们对自己的聪明勇敢的自我欣赏，他们

毫不掩饰自我欣赏后的欢乐和骄傲，也不对骄傲的行为加以任何粉饰，他诚心诚意地认为别人比不上他。

一味指责、批评和惩罚他们的办法不但不起作用，反而使情况变得更糟。他们对任何谴责都是左耳进右耳出，很难触到他们的痛处。因为他们认为你的话不是真的，甚至认为你的话是可笑的、无根据的。他们只相信自己，也没有反省精神，而且对自己的长处极为清楚，你如果没有确凿的事实依据去批评他，会陷入被动的。

属猴人很精明，只是用得不当，他总想以诱惑人的手段行事，总是寻找既不花钱费力，又能捞到便宜的事去做，所以他们很难赢得人们的信任。人们对他们过分聪明的建议反而感到怀疑，怀疑他们是否有什么不纯的目的。他们有时在表面上也承认这点，但内心深处他们永远热爱自己。

这样说绝不意味着属猴人顽固不化，只是他们比别人更善随机应变，不要为他们的举动生气、愤怒，不要说他们不可挽救，要利用他们的聪明才智，让他们发挥作用。他们不愧为一往无前的改革者，他们不受旁人成功的影响，不为自己的失败气馁，只是一心要将事情做得更好。这样的结果往往是令人叹服的。

所以，我们要客观地对待属猴的人，属猴人的生活是现实的。

属猴人采取薄利多销的策略，达到事业上的兴旺。他们在同别人的交易中斤斤计较，不像属虎人那么爽快，也不像属龙人那样硬碰硬，属猴人只是依靠小赚头的不断积累。这些微小利润乍看起来不起眼，但当你计算出每一部分小利润积累的结果时，再去看属猴人不断地发展，你就一定要吃惊了。

他们采取不断攻击，最后给人致命打击的手段来制服人，他们常以循序渐进的耐心达到目的。

由于属猴人的精明与干练，使他们总是赢者。他们永不满足的心理与他们的天赋也确实成正比，他们感到充实，什么事情都想尝试一下。由于他们能精打细算，因此从来看不到在工作中浪费任何一点时间。

他们自我保护意识强而且敏捷，当他们被围困时，会使出所有手段果断迅速突围。一般来说，他们谨慎从事，但遇到不断袭扰时，也会勃然大怒。

属猴的姑娘神采奕奕，富有自然魅力，不论她们走到哪里，都将欢乐和兴奋带到那里。很少有人不为她们的勃勃生机和美貌所打动。

她们机智，待人和气，和任何人工作都能合得来，她常是晚会的组织者，娱乐活动中的活跃人物，待人慷慨大方的女主人。但他们同样具有属猴人的鲜明特征，竞争意识强，善于察言观色、精打细算，从不受别人支配。属猴的年轻妇女喜欢表演艺术，是很出色的表演家。她们性格开朗、精力充沛，每当她们感到气馁时，内心的充沛精力就会不断地鼓舞着她们前进。这类人不需要人们的指点与帮助，在生活的道路上她们独立自信地朝自己的目标迈进，或许还会向他们传播前进途中取得捷径的经验。她们说话声音也许很高，但对那些不了解的人决不泄露心中的秘密。

属猴的姑娘喜欢刺激，但不做徒劳无获的事情，她们说话讲究，从不在人面前说些无意义的话，在各种场合她都能挑选适当的字眼与人们交谈。她们善于抓住别人的性格特点，用自己的精明算计去驾驭他们。属猴的姑娘从不轻易舍财，想从她们手中挣钱，只有做得极完善才行，因为她们爱挑剔，对事情要求严格。

属猴的人一般都有管理财务的精明能干，富于实践的精神。工业、政治以及经济等领域中如果没有这样一些人参与是会受损失的。“猴”的机智在中国神话传说中是出了名的，但一定要注意，你若与属猴人一起共事，必须使他们百分之百地站在你一边，你才能成功。

人们在与属猴人交往时很少有生气的时候，因为他们的精明总给人一种可爱，好像缺了他们就不行的感觉。他们讲策略，总使自己处在有利的地位上。每当他们受到损失，或处于不利地位时，他们也会策略地在四面楚歌的情况下采取

逆来顺受的态度。

属猴人具有战略家的特点，从不盲目行事。做事前总要制订一个或几个方案，既要抓住时机来实现目标，又不忘记“狡兔三窟”的道理。

属猴人善于批评他人。他们会对差错之处提出尖锐批评并能提出可行建议。当然，用什么手段和方式，取决于他的文化修养水平属于哪个层次。

总而言之，他们热情、自信和责任心强。他们随时会从事艰苦的工作，但必须得到相应的报酬。否则，则会连连报怨，不愿再做。我建议，在与他们共事时，不要耍弄他们，不要说话不算数而失信于他们。

属猴人说话幽默，很会对付人。

属猴人常会不费力气与口舌便能获得他们企图的东西，对别人的利益是否受到侵犯不大在乎，这就是他们失信于人的原因之一。他们应该学会对人对事要严肃认真，因为他们的性格复杂多变，因而不能保持同他人长久的友谊。在他们一生中，只相信为数不多的几个人。

然而，人们在生活中还是需要他们的。比如，属鼠人被他们的机智、灵活所吸引，在扩大自己财力的业务中总是汲取属猴的长处。属龙的人定能在属猴人的机敏智慧方面发挥多面手的能力，以提高自己的竞争力。同样，属猪、鸡的人也需要聪明的"猴"的协作。

属蛇人却不喜欢与自己性格相仿的属猴人。属虎人要避免插手属猴人的事务，因为他们是属猴人最常攻击的对象。属猴人在竞争中也不要在属虎人面前炫耀，因为属虎人在激怒的情形下，会采取报复手段。

属猴的儿童

属猴的孩子招人喜爱。他们明亮的眼睛，生长快活、好动以及爱开玩笑，喜欢占上风。善于奉迎别人投他人所好，能赢得别人的好感得到自己想要的东西。

他们好奇心强，性格、举止常使人捉摸不透。虽然他们一刻也不肯安静，但他们玩起来肯动脑筋。假如他们把新买的玩具拆了，别对他们大发雷霆，这是因为他们不但被玩具的外表所吸引，而且还想把里面滴答作响的原因搞个水落石出。那些错综复杂的机械传动装置会使他们惊叹不已，他们会跟在大人后面，拉着大人的衣襟，不停地问这问那，似乎连宇宙也想问个明白。

他们积极向上，并对自己所取得的成绩感到骄傲和自豪，他们会广泛参加各种有兴趣的活动。他们最大的特点是将精力分散在不同的事物上，而且能够很好地做些事，他们顽皮、好斗，常使用自己的小聪明取笑别人，他们做事很热情、持久，遇到难事，总是一次次尝试，不气馁，直至成功。

属猴的孩子比较自私，不顾他人。当他拿到其他孩子的玩具，总是津津有味地玩，不让别的孩子一起玩，即使让给其他孩子，也会想出有什么东西交换。大人们应该帮助他们明白生活中需要互相帮助的道理。

有时，你对他们的行为再不能忍受，正要大发雷霆时，他们会对你甜甜一笑，诚心诚意地承认自己的错误，并表示下一次改正，同时还做出滑稽的样子逗你发笑，此时你就会忘了教训他们的想法，重新宠爱他们了。

属猴人的五种类型

金猴——1920 年 1980 年 2040 年

这年出生的属猴人争强好斗、老成世故，做事坚定且有独立性。他们多从事金融保险业，并喜欢独立投资开业，如果他们有了一份固定的工作，也还会寻找其他工作赚钱。他们把钱看得很重，除特殊的、必须的投资外，一般不肯轻易拿出钱来。

金要素使这年出生的人性情激烈讲求效率。他们胸怀大志有抱负，但常常表现得过激、过分挑剔。

这年出生的属猴人性格开朗、对人热情也能关心人，会成为赢得人心的领导者。

当他们情绪不高，不愿与他人共事时，则表现出极度的自傲，除了自己以外，几乎不相信任何人。

总之，他们工作勤勉，勇于实践，但更多的是为自己的利益考虑。

水猴——1932 年 1992 年 2052 年

这年出生的人能与人协作，但要求回报，他们的宗旨是“我为人人，人人为我”。同其他年出生的属猴人相比，他们很容易被激怒，当他们不能获得自己索取的东西时，则表现出烦躁、生气的情绪。

这年所属五行水使他们做事有很强的目的性，但是他们应该懂得不要早早把自己的意图过分直接地公诸于众，他们还应注意，从大局着想，处事要有胸襟，应避免小事上斤斤计较，耗费精力。

这年出生的人有创见、鉴别力强，于是他们自信地极力促使别人按照自己的方法办事。因为他们过分热衷于吹嘘自己的方法，有时也会遭到抵制或拒绝，但仍不甘心地继续将所做之事的辉煌前景展示给他人，努力取得别人的理解。他们深知相互交往、了解的重要作用。

当他们情绪低落时，或饱尝失去方向之苦，此时他们会变得缺少主见、盲目瞎干以及差错不断。

木猴——1944 年 2004 年 2064 年

这年出生的人基本能与他人和睦相处，但他们不轻易求人。他们常为自己料理得整洁有序的家和有条不紊的工作感到骄傲。他们不肯轻易闲下心来，并具有很强的开拓精神，他们了解身旁所发生的一切，对于新发明、新设想很有兴趣。木赋予他们渴望了解事情内幕的性格，所以他们总是不断求索，想了解所有的事情。

这些精力充沛的人要做某件事，一定会做得井井有条，他们从不夸大成绩或矛盾，而是很实际地、小心翼翼地将发展道路上的障碍一点点搬掉。

火猴——1956 年 2016 年 2076 年

该年出生的人精力旺盛，他们自然会成为领导人或有创建的人，他们自信心强、说话果断、为人坦诚以及对异性有特殊的好感。

火给他们带来无限精力或创造力，激励着人们不断进取。他们尽力争取领导地位，在自己所从事的工作中施展才干。由于内心强烈的创造愿望的驱使，他们会在工作中与人激烈竞争，甚至不顾遭人嫉恨，而要踩着他人向上爬。

丙申年出生的人是在属猴人中最有威力的。他们在冒险举动中常幸运地获得成功，他们善于控制他人，有主见，或者说固执，当与人不和睦时，常常大嚷大叫。

土猴——1968 年 2028 年 2088 年

这年出生的性情温和，可以信赖的属猴人，但他们冷漠、缺乏怜悯心。

他们希望对他们出众的能力表示钦佩，如果得不到人们的赞赏，他们会愤愤不平。

他们很可能成为有学问的人，或有一技之长的人，即便他们没受过高等教育，也会有很强的阅读力、理解力。他们言语不多，但诚实直率，严于律己，忠于职守。

土的特点决定了他们的性格趋于内向沉稳。除非不得已，他们一般不热衷于娱乐活动。他们对那些所喜爱的人毫不自私地奉献力量。

属猴人与时辰的对应关系

子时出生——午夜 11 时至凌晨 1 时

性格活泼，抵制不住生活浮华的诱惑，又不想破费。这就是与鼠结合后的特点。

丑时出生——凌晨 1 时至 3 时

做事缓慢但严谨，可信度高。受牛的诚实性格的影响，不会欺骗人。即使有时说出违心之言，也总感到有愧。

寅时出生——凌晨 3 时至 5 时

此时出生的人受虎的雄威的影响，有力量但过分自信，对别人的意见置若罔闻，有时陷入困境，也不愿意采纳别人的意见，不承认自己的失败。

卯时出生——早晨 5 时至 7 时

做事细致、谨慎，说话总留有余地，从不恶作剧。对别人的评论很敏感，评论别人时也很谨慎。

辰时出生——早晨 7 时至 9 时

性格稳重、爱慕荣誉。在龙的气势影响下，会出现做事“贪多嚼不烂”的现象。

巳时出生——上午 9 时至上午 11 时

聪明的蛇猴相遇，会使此时出生的人精明强干，但不稳定，常常行踪难寻。

午时出生——上午 11 时至下午 1 时

马猴结合会产生不可驾驭的力量，成为我行我素的人。

未时出生——下午 1 时至 3 时

浪漫、充满幻想且不讲求实际，总想凭着偶然的机运获得成功，同时一生希望与人无争。

申时出生——下午 3 时至 5 时

两猴相遇时出生的人，无忧无虑、灵活自信以及不可战胜。

酉时出生——下午 5 时至 7 时

好幻想的鸡遇到富有冒险精神的猴，一定会成功。

戌时出生——晚7时至9时

此时出生的属猴人，可以得到狗的幽默与质朴，使他们更吸引人。

亥时出生——晚9时至11时

爱运动，慷慨大方，带有猪的纯朴，容易同人相处。做事有韧性。

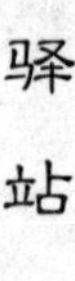

属猴人在其他生肖年中怎样度过

鼠年： 这一年对属猴人极有利。他们会意想不到地获得钱财。这是他们大显身手的一年，各方面的问题轻易就能解决。他们会被重要人物看中，这一年他们的家庭要增加人口。

牛年： 对属猴人来说，这是一个喜忧参半的年头。他们在经济上会有损失，心情也不会很愉快。他们有可能会被迫远游或受慢性病的折磨，他们在各方面都要注意节制，这一年他们的家庭生活比较顺利。

虎年： 这是极为动荡不安的年头。这一年中他非常容易受到敌手的伤害，因而他不得不采取逃避的手段，或者出游，或者为他人工作，或者借高利贷生活。这一年容易丢掉他的职务，所以他应忍耐，不要出头。

兔年：对属猴人是个比较有利的年头。他们的前程在这一年会呈现光彩，他们能从别人那里获得意想不到的帮助，工作和生活不会有大风波，尽管他们受上两年的影响，不敢放手大干，但事业和经济收入会慢慢恢复，上升到正常状态。

龙年：这一年属猴人可以学到很多知识和技巧，但是他们在这一年中不会有多少直接的经济收益，经济困难及各种问题总像阴云一样笼罩着他，使他不得不动用过去的存款应急，他们在这一年应采取观望、学习的态度，不应急于从事。

蛇年：这一年里，属猴人将会获得朋友们的大力协助和其他投资者的支持。这一年是养精蓄锐的一年，但要紧闭嘴巴，防止与任何人冲突。

马年：尽管属猴人在这一年中会受到一些困扰，但总的来说，这一年中他发展平稳。如果他们不加以注意，或对自己的前景估计过高，那么将会遇到许多致命的打击。所以，这一年中他们应采取保守态度，一旦发现竞争不过的对手，则要及时转向他们，在忍耐与观望中慢慢积累获得成功的条件。

羊年：这一年是事务繁杂、工作紧张的一年，属猴人在这一年能够轻而易举地赚钱，可也会有意外开支降低他们的收入。这一年，他们会遇到许多使他们受益的合作者。他们将四处奔走、联系事务并开展业务，社交活动也多于往年，身体会有些小病，同家人可能有矛盾，这一年他们应诚心诚意同别人合作，多为他人提供自己经营的情况，获得了解和信任。

猴年： 这是属猴人大吉大利的一年。他们大展宏图，并能获得成就，这一年预示着他们将得到幸福，将会成名，他们将在多方面取得辉煌的进步。众多的经纪人、债权人及要求搞大项目投资的人们会使他应接不暇，因此有可能因过度疲劳而生病。

鸡年： 这是平平常常的一年。这一年里属猴人应努力竞争，他们需要额外的款项来推进自己的计划。他们在这一年里，主要精力用在社会公务上，很少关心家庭生活。这一年里，他们不能同对手讲和。

狗年： 属猴人的事业在这一年会不断受阻，别人失信于他们，他们自己在投资经营方面也要连续受损。因此，这一年里，他们不应向外借款。他们也看不到谁是真正的朋友。懊悔和失望会促使他们总结自己的教训。

猪年： 这一年对属猴人来说是不安的一年，他们在积极摸索经验，但生意仍要出现衰退的现象，经济与法律事务的麻烦也会接踵而来。他们还会在这一年里染上疾病。尽管最后他们会摆脱这些困难，但不会有大起色。这一年他应谨慎从事，对最好的朋友也不可听信，冒险的举动会给他带来不幸的后果。

不同的婚姻相配状况12例

猴＋鼠

两人在一起会极有建树，她是个愉快、能干的管家，他是她引以为荣的了不起的军师。鼠太太能把快乐的猴丈夫安顿得很好，猴丈夫也赞美鼠太太的勤劳节俭。他们不断地发现对方值得称赞的品质，他们的婚姻将是有价值的、美满的，还会有好的财运。

猴＋牛

双方都太自私、太倔强了，难于怡然相处。他很外向是个天生的演员，她则是内向含蓄的人。无疑两人都有很出色的优点，但可能没有机会表现出来。相互不理解都需要两人花费很大力气控制自己的个性。

猴＋虎

一对很不和谐的结合，两人都不会在家庭中找到多少幸福。双方对任何形式的约束都有些神经过敏，谁也不愿当副手。他们两人都是从“我”的角度想问题，他们互相心存疑虑，暗地有所保留。

猴＋兔

他是个积极创新的思考者和有魄力的实干家。她非常迷人、文雅，尽管有些肤浅。两人在追求他们的目标时都很有手腕，

不露声色，猴丈夫需要在被人注意和夸奖中才能保持友好和魅力，兔太太爱安静的环境胜于活跃的追求者。双方都正视他们的处境，或给以调整，或探讨更好的解决方法。

猴＋龙

最好的配合之一。因他们能协调双方的积极力量，取得长久一致并共同成功。两人都清晰、上进，且很有雄心。他作计划时她却每次都把目标放得很高。他爱挑战，她则站在他一边，给他有力地响应和支持。两人互相迎合、互相商量特别和谐一致的工作。

猴＋蛇

两人都倾向把反对派的毛病夸大。他可爱、开朗也能干，而她好胜、老成世故。他们总的立场无疑是相同的，但仍不免互相非难，有时还互相敌对，因为他们天生有嫉妒和多疑的性格，双方都要更加坦诚、直率才能感到相处的舒适。

猴＋马

两人都多才多艺灵活开朗。他们能否在友善的气氛中共同生活，取决于他们如何控制以自我为中心的个性。当一个人发现另一个人落后的时候，也不会去找出差距所在。他们都是独立的、实际的人，心中愿意时合作得很好，并且两人都有同样强的能力和敏捷。

猴＋羊

羊太太爱做家务事，但可能对猴丈夫命令太多。他对她的照料很得意，但仍然觉得她的优点抵不过缺陷。她在一些细微方面配不上长于算计的圆滑的猴，后者并不总是对她当真的。她在忍受着这场交易中吃的亏，因为他要利用她善良、慷慨的性格。两个人在这个结合里没有相通之处。

猴＋猴

假若嫉妒不来妨碍的话是很牢固的结合，如果他们能以"我们"而不是"我"的方式想问题，他们的关系要密切得多。若他们真以合作的精神出发来面对现实，则不会出现什么问题。如果他们在逆境中愿意相守并且不互相埋怨就可以生活得很和谐。

猴＋鸡

双方都有雄心，渴望得到肯定和承认。如果两人始终保持伪装，那么他们在同样务实、同样强悍的性格之间，冲突多于合作。两人都会觉得他们的结合有些草率，除非他们决心承认一些自身的短处互相达成协议。

猴＋狗

是很好的婚姻，两个成员间彼此给予好评。猴富于成效，一般来说聪明、会交际。狗太太当丈夫表现出真心希望合作时会很协助、很配合。他会比她更实用、更有雄心，见她不打算赶上和超过他的成绩时他就很高兴，她还被猴丈夫的多面性格迷住了。两人都足够明智，会作出必要的让步。

猴＋猪

这种结合对两人都有很强的吸引力，但在婚后平凡的生活考验中，这种吸引力会被磨损掉，猪太太精力过剩，对丈夫和自己的目标坚定不渝。而猴先生能从她朴实性格中获得了欲望，并不会保持多久想忍受对方的弱点，双方必须做出非同一般的努力才行。

我通报着一天的到来，转告人们每日的结束

精确准时的报晓，使我赢得美名

我追求世间的和美，安排万物的复苏

我是劳作的主人，又是不倦的化身

在这个世界里，我愿为我的事业献身

我是——鸡

鸡 年

乐观、活跃的猴年结束了，我们迎来了新的一年——鸡年。鸡年是人们过分自信的一年。这一年易使人们的头脑发热，想一些荒谬的事情去做。色彩绚丽的“鸡”在这一年会给人们带来欢乐，同时也是在消耗人们的精力。这一年最好看准了方向，勤于实践，沿着自己有把握的轨道前行。这一年不宜撰写容易引起争论的流行读物，也不益实施冒险的发财计划。

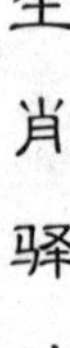

这一年人们要克制自己，不要做鲁莽的事情，不要猎捕野禽。否则，你不但扫兴，还会与人发生争执。鸡喜欢夸耀自己，以他飞扬跋扈的姿态所支配的一年还会给人们带来很多麻烦。但是，鸡又是善于管理的象征，是忠于职守并公正监督的体现。所以这一年基本是和平的，有小动荡、小争执都无碍于稳定大局。

我们指望在这一年力求耗费小的精力不断获得大的收获，而不要耗尽精力去冒险。要小心谨慎，不要贪高求大，否则会碰得头破血流。

这一年里人们容易被简单的事情复杂化。此外，这一年基本上是轻松、快活的一年。鸡无论在哪里总不会两手空空，所以这一年比较丰裕，不会有挨饿的现象发生。

这一年，你要眼观六路，在没有获得可靠的依据之前，或碰到不大了解的人，不要冒失行事。人们在这一年不会遇到大难之事，经济也还乐观，只是精神上略有些紧张罢了。

属鸡人的性格

鸡在属相中代表“富于幻想，行侠仗义”的人物，他自认为是挽救世界的无畏的英雄。现实点说，鸡的特征是外表看似激进、自命不凡，而内心却保守、拘泥于传统。

鸡年出生的人相貌吸引人，特别是男子，英俊挺拔，他们也总为着自己相貌而骄傲，爱显示自己。人们不会看到他们有懒惰的样子，他们总是昂首挺胸，端庄而尊贵，即使这年出生的最怕羞的人，在人面前也仍显得精干、灵秀，显示出自己的个性气质。

属鸡人的性格基本分为两类，一类人爱好闲谈，总有不少闲言碎语且脾气火暴；另一类洞察力强，善察言观色。这两种性格的人都很难处。他们精明强干、组织能力强、严肃认真、为人直率且遇事果断。他们对残暴的行为敢于正面指出，严厉批判。他们的这些优点同时带来的缺点是：爱与人吵架，从不顾忌别人的感觉如何。一旦失败，他们也不会消沉，他们的方式是向每个人诉说自己的观点，使人们相信他们，站到他们一边来。

鸡

属鸡人是卓越的表演家，他们常常是活动场所的中心人物，总那么光彩照人，他们的性格会给人极深的印象，一举一动都为公众注意。

他们欢快的情绪、机敏的性格举止，常使他们不放弃任何机会夸耀自己的冒险经历和成就；他们有讲演才华和写作能力，他们随时都准备对任何话题大发议论，如果你想就某一论题与他们争辩，你准会以失败告终。

当属鸡人处于消极状态时，他们会千方百计地固执己见，他相信自己正确，只承认自己的优点，不承认任何缺点。但是，

生肖驿站

我们如果剖析一下他们的内心深处，就会发现他们这样做的目的只想确认自己的价值所在，安抚自我，不一定非强加于人。但由于他们爱虚张声势，所以不能真正认识自己，也不能认识到炫耀、夸张给他们带来的不利影响。

所有属鸡人在家庭中都会理财，他们精打细算，力求收支平衡。他们对钱箱看得很严，对所有要办理的事都计算得极精细，也十分珍惜他们的时间。属鸡的小孩也可以担任“财产保管员”的职务，他们存放着一分分硬币，以此来扩充自己的小银行。甚至当其他漫不经心的孩子们还给他所借的钱时，还想到赚取利息。

假如你有大手大脚的毛病，可将你的钱存在属鸡人那里，他们会帮你制订一条严格的开销预算方案，限制你在必需的范围内花钱，想额外多要一分钱也不被允许，你的毛病也就渐渐地改掉了。看起来他们也很乐意限制你使用自己的钱，你也不会为受到这种限制而感到不快，还会感谢他们真心实意对你的帮助。

在他们这些精明的经济专家的管理下，你随意抛掉的钞票会派上合理的用场，你的收入也能积累起来，使你看到生活中的前途，有属鸡的经济主管守护着你，那些债主也不会白天黑夜来打扰你了。你必须清楚，没有他们——你的经济挽救者，你会陷入最糟糕的境地。

属鸡人是持家好手，又喜欢解决和处理困难的问题。但是，别指望他们做改革性的工作，他们能将分配给他们的事情做得更好，但是缺乏创造性，很难承担那些改革性任务。

你要想更好地了解属鸡的人，一定要忍受他们好争论的癖好，与人争论是他们的天性，几乎是不以他们个人的意志为转移的。因此，不论这一点对你来说多么难以接受，你还是要控制自己，不要发火，否则，撞到他们一触即发的“枪膛”上，必定爆发一场“战斗”。但是，不论属鸡人怎样表现出学问渊博，他们的内心世界是静寂的、清心寡欲的。

如果说属鸡人有时也会大手大脚，那么这些钱也会花在自己身上。他们对穿戴的选择很挑剔，喜欢引人注目。属鸡的人还特别看重头衔与奖章，他们都会去力争至少有一次获得奖章的机会，或者一项职业上的头衔，即使在战争中，他们也要争得一枚勋章。他们的钱除了花在自己的小家庭外，还会用在追求爱情或赢得同事的好感方面。

所有属鸡的都是对事物过分挑剔、追求尽善尽美的人。他们对理论性较强的问题很敏感，在处理任何问题时都要按确立的章程去落实，对那些不按规章办事的人感到不很理解。

他们会在自己力所能及的情况下尽力去帮助别人，只是他们的活力鼓动着他们太想显示自己。

如果属鸡人距离他梦想的生活目标太遥远，实现的可能性很小时，他们便会垂头丧气。他们的弱点之一就是在前进路上受阻时不知所措，甚至连小问题都不能处理，结果在徘徊途中，一无所获。

属鸡的妇女往往更具实际精神，不夸耀自己的功绩。她们的能力很强，处理问题干脆利落，人们同她们一道工作时，可以依靠她们的鼓舞保持更旺盛的精力，去完成自己的事业。

所以，人们急于找到类似属鸡这样的妇女来协助自己的工作，尽管她们表面上看起来总是服从于统筹安排，实际她们很愿意去解决繁忙纷乱的问题，以使自己的才干得到充分的发挥。

属鸡的妇女比属鸡的男子更可取，她们能在任何社会工作中表现得很出色。如果她被分配到一家工厂或其他单位做个普通工人，她不会感到羞愧不安，责任心促使她认真对待工作。她们同属鸡的男子一样有能力，能承担困难大的工作，更可喜的是她们不会轻易发火，她们有耐心，忠于职守又不固执。所以她们适宜从事要求精心细致的工作，如校对、长期性研究工作等，由于她们耐心、细致的特点，还可以做一个好教师和贤惠妻子。

她们细心地提醒下一步的工作，是出于她们对人的热心关怀，并不是想打扰你。她们不能容忍所帮助的人犯错误，她们不断提醒那些方向不明的人，帮助他们认识自己的错误。总之，她们对人关怀备至，对事讲求完美。

属鸡的妇女衣着朴素，喜爱纯朴、自然，同样依靠这种品格去扎实工作，这种作风常常受到人们的好评。

所有属鸡的工作人员都有良好的声誉，他知道如何用自己的智慧、高效率来赢得领导的信任。然而尽管他们精力充沛，做事速度快，成功率高，但如果他们不愿意去做的事，他们不会尽一点儿力量。

属鸡人在普通岗位上会获得荣誉，得到报酬，但不会有特别远大的前程。

因而，任何类型的属鸡人，去做那些普通的工作时，会在这些工作中找到自己的重要价值。但他们必须谨慎行事，才能使他们的计划长期顺利地进行下去。

属鸡的人情绪易变，忽高忽低。他们活跃、敏感的心理特点支配着他们情绪的起伏。他们注重事物相互间的联系，决不会片面下结论，总是寻找大量的事实依据来加以证实；他们是非常出色的调查员，多少带点“福尔摩斯”的天分。

他们处理事务的能力和善于做难度大的工作的天分，使他们年轻时代就开始了自己的事业，并在一生中的早期取得成绩，他们最需要的是以严谨、节制的强硬方式约束自己活跃的个性，必须清想地认识到，无论自己如何易激动，都不能轻易卷进争吵的风波中，要善于听取别人的意见。简言之，出生鸡年的人如能沉着冷静地对待事务，他们就会取得成果。

属鸡人喜欢被人夸赞，爱出风头，而且自私，他们不愿承认自己的错误，对批评非常敏感。相反，总是从各方面使自己的对手名誉扫地。

他们对自己的家庭非常关心，很维护自己的小天地，他们还希望有个大家庭，好有更多的人鼓励自己把事情做好，对那些占有他们位置的人，他们会采取不友好态度。

无论事情发生多大变化，都无碍于属鸡人，因为他们不知疲倦，喜欢在各种事情中克服困难，寻找出自己的出路。充满抱负，而且命中注定会在日常工作中取得成果，另一方面也要看到，这些受内心强烈竞争意识支配的属鸡人，一旦发起怒来，也会置人于死地。

属鸡人同属蛇人合得来，属鸡人需要属蛇人聪明、圆滑性格的弥补，属蛇人则需要做事能力很强的属鸡人来辅佐，还需要属鸡人明朗、无所畏惧的生活观的鼓舞。属牛人也对属鸡人给他们的平淡生活增添色彩表示欢迎。属龙人则可以从属鸡人身上汲取树立远大设想和计划的勇气。

属虎、羊、猴和猪的人也都可以成为属鸡人的好伙伴。但两个属鸡人相遇，会发生争斗。属鸡人与属鼠人之间的争斗也十分激烈。属鸡人待人缺乏亲切感，因此与人交往应采取回避、不争吵的态度，不主动刺激、触怒对手。

属鸡的儿童

属鸡的儿童是学习主动、接受知识快以及爱好小发明的可爱的孩子。他们对自己不知道的事情总要寻找答案。你可以信赖他们，交给他们一些对他们有吸引力的事去做，你会看到这些孩子反应快、智力发达且很精细，能教这些孩子学习是一件快乐的事。

属鸡的儿童细心、守秩序并且他们做事一般都很适当，但有时也有些恶作剧，或大喊大叫使人生气。他们在家中像个小大人，有新的看法就提出来。尽管他们对自己要求比较严格，但有时也会把从其他孩子那里拿来的硬币，作为自己的收藏。

他们会是许多孩子中最爱挑剔别人毛病的孩子，有时他们会冒犯你，但你不要生气，属鸡人就是这个天性。他们的批评与挑剔是他们通过看到的事实判定的结果，不是有意伤害人。有时他们指出了你的错误而冒犯了你，使你勃然大怒或心中不快，但他们很快就会忘记你对他们的态度了，因为他们是很真心地讲出自己的想法，不想企图什么。

属鸡的儿童十分依赖家长，但轮到他们自己主持事情时，又显得独立性很强。他们讨厌别人的软弱，他们自己遇到困难时也决不哭泣。如果你做错了事，他们不会帮你弥补，但会提醒你注意。

属鸡人的五种类型

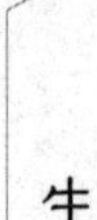

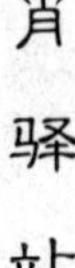

金鸡——1921 年 1981 年 2041 年

这一年出生的人有实践精神、易兴奋、工作热情，对他人有很好的感染力，分析问题逻辑性强。

他们自己有主见，也特别渴望被人看重，重视名声，他们具有雄辩家的才干，不但不轻易赞同别人的观点，而且对自己的设想也非常挑剔。尽管他们辩论中有理有据，但由于他们过分自信，也不时会出现偏袒自我而不能公正的现象。

如果他们不能保持同其他人的良好关系，他们的智慧则不会具有推动作用，他们的聪明只能变成乞求他人的工具。此时无论怎样的辩解都不会带来好结果。

他们能控制自己，不使感情过分外露。他们主张有节制的、坦然有序的生活，特别对卫生条件要求很高，对自己居住的环境要求绝对清洁无污染。

水鸡——1933 年 1993 年 2053 年

这年出生的人属于知识型，他们乐于从事文化事业。他们能力过人，除积极安排自己的计划之外，还努力帮助别人取得进步。

这年五行为水，使出生这一年的人们有思路清晰的头脑，当他们遇到棘手的问题无从解决时，会听从别人有道理的建议，他们不像金鸡人那么固执，自以为是。

他们写作能力强，又是出色的演说家，他们的演说能激起人们对某种事物的共同兴趣。他们用脑计算数字就像计算机一样准确迅速，但也由于过分注意具体细节而容易忽略整体联系。

木鸡——1945 年 2005 年 2065 年

出生在这一年的人属于富贵型，他们有条件树立宏大的生活目标，也有可能更多地为他人着想。他们不像一般属鸡人那么固执，但仍然不能避免一些错误观点。有时他们也会把自己关在自己制造的迷宫里不能自拔，如他们做事时虽出于好的动机，要求自己的下级同他一样，像上紧发条的表一样紧张地工作，往往使他们的下级不堪忍受，反而使事情办不好。所以他们应该注意对别人的要求要适当，以避免给别人施加太大的压力。

木与他们诚实、真正的人品共存，使他们工作出色能吸引所有的人。

他们性格坦诚、为人公正并善于同他人交往，从不会从别人那里谋自己的私利。他们渴求志趣相投的朋友同他们一起工作，并在工作中充分信赖他们。但他们身上仍然保持着较为鲜明的属鸡人的特点：当他们愤怒时，说话会非常尖刻，极力保护自己。

如果他们不因在同一时期为从事太多的工作而疲于奔命，生活对他们来说是美好的。

火鸡——1957 年 2017 年 2077 年

出生于这一年的人，性格如同闪着火光的流星，有力量和勃勃生机。他们有领导能力，做事目的性强，并能独立工作，而且有技能，但有时他们过分浪费，有些神经质，脾气又很暴躁。

他们勤奋刻苦、严守制度且工作专心致志，因此能显示不同一般的管理能力及领导艺术，使他们所从事的事获得成功。他们总是从亲自探索与研究过程中产生自己的观点，因而不会轻易被他人所动摇。

有时他们过分坚持己见而不能同他人达成一致，过分挑剔别人的缺点或工作中的细微不足。如果他们感到事不如意，则固执无理地采取不容人分辩的否定态度，或者干脆捣乱，干扰别人。

尽管他们有不小的缺点，但他们做事的动机没有什么恶意。

土鸡——1909 年 1969 年 2029 年

这年出生的人勤奋好学、喜欢探索爱寻求真理，也爱搜集雄辩有力的材料。他们成熟早、工作细心很有成效。他们面对那些对他们来说是艰苦的、棘手的工作，仍能勇于承担责任。他们说话直来直去，不会装腔作势，也不阿谀奉承。他们喜欢主持严肃、庄重的会议，以传教士般的精神，激励人们像他们那样工作，他们生活简朴，性格持重。

他们将自己的成绩记录在册，企图为后代提供效仿的榜样。

他们会做个严厉的监工、严格的教师，或严肃的批评者。总之，他们的成绩会很显著。

属鸡人与时辰的对应关系

子时出生——午夜 11 时至凌晨 1 时

出生此时的人性格活泼、泼辣，充满好奇心。有鼠与鸡做伴，使他们乐观、豁达。

丑时出生——凌晨 1 时至 3 时

牛鸡相遇，象征着对权力的渴求，他们一旦有了权力，就会十分严厉，甚至苛刻地行使它。

寅时出生——凌晨 3 时至 5 时

有魅力，但忽冷忽热，做事无条理性。鸡善于分析与虎的威严稳重相结合，使此时出生者比其他人更充满自信。

卯时出生——早晨 5 时至 7 时

沉静、有效率，但更多的是为自己的利益着想，此时出生的人很少给别人找麻烦，但有时爱吓唬人。

辰时出生——早晨 7 时至 9 时

此时出生的人绝对维护自己的权利。“龙”的耀武扬威特点使他们过分武断、挑剔，也无所畏惧。他们会用强大的威力铲除一切不利因素。

巳时出生——上午 9 时至上午 11 时

此时出生的人机敏，“蛇”影响着他们做事圆滑、诡秘，他们总是单独做生意，也从不亮明自己的观点。

午时出生——上午 11 时至下午 1 时

此时出生的人头脑反应敏捷，喜好大张旗鼓的声势，追求刺激，“马”将影响着“鸡”去选择可行性计划，不致因冒然行动而付出不必要的代价。

未时出生——下午 1 时至 3 时

待人和蔼可亲，落落大方，不固执己见。“羊”的羞怯与“鸡”的争强好胜所中和，使此时出生的人为人处世能恰到好处。

申时出生——下午 3 时至 5 时

此时出生的人聪明灵巧，做事有明确的目标，为人处世好采用调和态度。他们是生活中快乐事业上成功的人。

酉时出生——下午 5 时至 7 时

出生此时的人对他人的批评非常尖刻使人不能接受，他们对事物的态度很偏执，好我行我素，很注重办事效率。

戌时出生——晚 7 时至 9 时

此刻出生的人善于精打细算，但正直、公平。“鸡”好闲言碎语的性格受到“狗”的敦厚特征的牵制，使他们虽仍有语言尖刻的特点，但喜欢思考。

亥时出生——晚 9 时至 11 时

此时出生的人待人过分热心，他们坚持帮助他人甚至不管别人是否愿意。他们无私、诚恳并且善交流，看上去给人才华横溢的感觉。

属鸡人在其他生肖年中怎样度过

鼠年：这一年给属鸡人带来很多困难，他们由于经济收入不佳，或别人浪费他们的钱财而不得不动用储蓄。这一年中，他们不会得到朋友的帮助，在同他人的合作中，他们的地位也有下降的趋势。由于他们要消耗大量的精力体力去应付工作和摆脱困境，使他们身体状况不好。这一年中，他们应谨慎地从事各项事务。

牛年：牛年对属鸡人来说是补偿损失的一年。他们会将上一年所受的损失补回来，而且获得外界的援助。所以这一年他们有实力与对手抗争，家庭也有好运。这一年他们还能外出旅游，但有失血的可能，因此接触锋利器皿时要小心。

虎年：这是属鸡人事业兴旺的一年。他们会幸运地获得钱财，冒险生意也能获得成功。但家里有可能出现令人担忧的事，同时他应注意，这一年发展太快，可能会使某项工作出现漏洞。所以，他们在这一年必须保持头脑冷静。

兔年：如果属鸡人在这一年中采取保守的态度，他们将度过一年平静的日子。这一年的股票投资波动很大，所以他们不应投资，以免经济受损失。他们在这一年常会因估算错误而造成浪费。建议他们在这一年同别人合作，不要独立经营。

龙年： 这是繁荣昌盛的一年。成功的运气总是跟随着他们，使他们百事如意，升官晋爵。他们家庭平安，身体健康，这一年也易于婚娶生育。

蛇年： 今年仍是个吉利的年头，这一年预示着他们的进步，地位更加稳固。这一年中不仅会将过去的所有损失补回来，而且还有新的进项。这一年有可能出现意外事故，因此不易远行。

马年： 这一年是属鸡人难对付的一年。他们在生活、事业的道路上会遇到很多障碍。他们从事活动的开始阶段比较顺利，但不久就会出现复杂、棘手的问题。这一年适于通过政治、外交等手段缓和他们与对手的关系。他们在工作中总是出现与人争吵的不愉快的场景。但家中有好消息。

羊年： 这一年是属鸡人情况好转的一年。他们在这一年中有足够的力量保护自己，不会出现大的不利问题。他们能在这一年中“收复失地”，并能在自己的事业上有所发展。尽管他们会遇到困难，但对他们的直接影响不大。他们在这一年中生活较安定，可以休养度假。

猴年： 这是个好、坏相兼的年头，属鸡人在这一年中面临经济的困难，生活不景气，还有家庭问题所苦恼。他们会受到外界误传信息的影响而做出错误的判断。所以他们必须注重以自己的实际调查决定自己的行动，使这一年以相对较好的结果而结束。

鸡年：对属鸡人来说，这是令人兴奋、愉快的一年，是事情发生转机的一年。他们能轻而易举地解决各种问题，并能获得有势力、有影响的人的支持。他们在这一年也会卷入一些争吵中，但不会受到伤害。

狗年：属鸡人吉利的一年，他们将重新获得失去的权利与地位。这一年的收入一般，损失也极少，他们可能会长途旅行，或参加多种娱乐活动。这一年的计划很容易完成，但个人生活会阴云笼罩。

猪年：这一年对属鸡人来说是险入困境的一年。他们常为不断袭来的意想不到的困难感到头痛，事业有所衰败，私人生活也充满苦恼。他们所信任的助手会提出一些错误的建议，或者怂恿他们耗费资金。这一年不会有什么好消息。

不同的婚姻相配状况 12 例

鸡 + 鼠

他善于分析，追求完美的她善于鼓励人、务实，很明了自己的权利。他专横武断，动辄训人，她则不愿接受批评，受到

冒犯时显得没有气量，相当尖刻。他不如她对婚姻关系那样敏感和热情，而她的能干和足智多谋又使她不肯盲目听从他的命令。他们总是不必要地互相触怒。

鸡＋牛

持久而出色的婚配。他开朗、坦白也很勇敢，能弥补她的保守、拘泥。他勤勉、严肃，很合牛太太喜欢尊严的口味。他的清醒稳定对坚决果敢的牛太太肯定有号召力。撇开鸡先生那些画蛇添足的热闹演说，实际上他更愿意依靠他那高贵有力的牛太太。他们发现两人都是敢负责任而全力以赴的。

鸡＋虎

这场婚姻五味俱全。两人都是乐观、进取的人，但他们个性迥异。对性格丰富的虎太太来说，他太利己、太偏执，而她太好斗，在他的吹毛求疵面前从不让步。换一种环境，他们可能会精力充沛、勤奋用功，但在这场婚姻中，两人却表现得狭隘而顽固。

鸡＋兔

他们很难在对方身上寻觅到理想的爱情。两人的个性会发生激烈的冲突，并且都为对方的消极面而苦恼。鸡那种不老练和粗俗的作风并非故意，但他无法不伤害将同情、关切视如生命的兔太太。

鸡＋龙

出色而多彩的婚配。鸡先生很明智，擅长分析，并将被龙太太大胆而闪光的个性所吸引。她不反对他管她的事，只要求他对她平等相待，尊重她的意见。

鸡＋蛇

充满活力、勇敢无畏的鸡丈夫将给蛇太太严肃的人生观涂上一层亮色调，并成为她的精神支柱。这是双方都有益的结合。他们都有知识，但水准不同。她安详、深思且审慎，他却总是凭着热忱和无所顾忌的乐观而超负荷运转。这两人的结合给了他们相互补充和抵消过火之处的机会。

鸡＋马

似乎不很顺利。两个坚持己见的人很容易互相激怒。他的计划很宏伟，方法又是精确可靠的，可预见的。他不理解她多变的方法，她也不能容忍他严格的程式及与事实和数字的纠缠。

鸡＋羊

固执的鸡丈夫把充沛的精力放在对工作精益求精上面。羊太太则是善良、感情用事且有依赖性的人。他迁就她那种对人的依靠。她是温文尔雅不易受伤害的，如果他过多或过于严厉地指责她时便会卷起包裹回娘家去。这场婚姻中两人都缺乏忍耐。

鸡＋猴

他们的结合最有可能造成相互间的冷漠与隔阂，除非双方都能改变自己的习性，以适应彼此。只有当他们表现出使对方难以抵抗的诱惑时，才能得到相互间的融洽。

鸡＋鸡

这对配偶都有善良的品质，但在他们之间产生争论时，便会引起一种“比对方更神圣”的不健康想法。他们都易动肝火，摆脱不了自己的观点，也不留意别人的意见。然而，他们都能适应所任的职务，并有极强的责任感，为达到一个共同的目标，他们可以忍心放弃所需要的一切。在他们的日常生活中，会出现无休止的争论，除非他们签署一个“和平条约”，直到双方同意休战为止。

鸡＋狗

毫无疑问，这对配偶都有清醒的头脑、很高的自我估价，并常为此而骄傲。然而，尽管他们都很自信、沉着，也都直言不讳、心地坦诚。这对夫妻都口气刻薄，善揭对方的“伤疤”。如果他们中某一人能心底无私，明智地引导对方放下武器，便可形成一种融洽、和谐的关系。

鸡＋猪

猪太太是逍遥自在，又可信赖的形象，她是轻信并易被表面现象迷惑的人，对人表现得很和气，从不伤害别人的感情。但鸡丈夫却经常指责，并以不真实、自私的看法得出问题的结论，这意味着正在破坏别人进行的计划。这样的结合是一种以男方为轴心的婚姻。

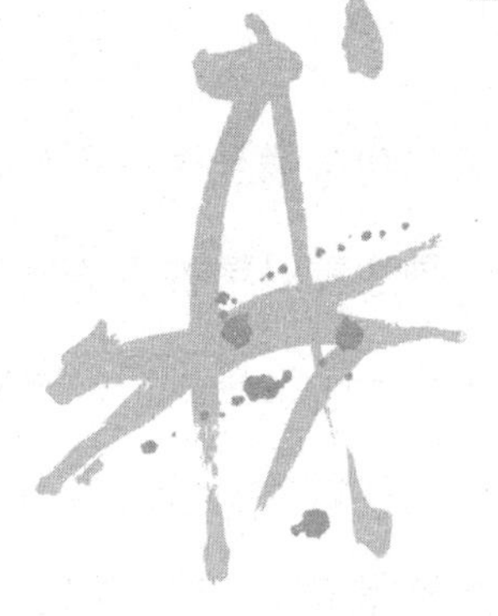

我是正义的保护者，为你悲痛鸣不平

平等是我真诚的信仰，威武是我气质的特征

怯懦遮不住我的灵魂，生命若无忠诚

生活必定空空

我是——狗

狗 年

狗年是一个既会给人们带来欢乐，又会使人各执己见、自相矛盾的一年。“狗”的看家意识会给家庭带来温馨，会增强人们对国家的责任感，在从事事业的过程中更增强了信心。

“狗”的刚毅性格和不屈不挠的精神，会使人们增强向阴暗面展开抗争的勇气。这一年的争论观点很多，人们支持这种争论气氛，并在实践中确立那些有效能的观点并以此指导社会的发展。这一年的自由平等意识能更加得到维护。

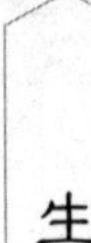

这一年人们更注重精神世界的发展，善施行为代替了对物质利益的欲求与竞争。人们不再以金钱万能的观念为指引，而是注重以精神价值作为价值标准的取向，不断提高道德观念。这一年也是人们坚持变革、反对强权的一年。

狗年的安定，带给人们沉稳的特点，使这一年保持和平景象。但若遇到五行为“金”的狗年，就会有战争或灾害发生。

狗年可能会使人们陷入争吵之中，出现相互诋毁和反叛行为。但最终又会将所有事情引向光明的结局。“狗”的无私会使人们的品格比以往更加高尚。

这一年对人们是个休养生息的一年。受到“狗”的沉稳、坚定的意志所控制，人们在这一年不会产生忧虑。另外，“狗”的忠于职守的特点也会发生很大力量，保持这一年的平静安宁。即使人们对某些事有点担心，也不必紧张。“狗”会将事物引向完善的意识，会给人们得到事业发展的保护。

狗年将使我们所从事的各项事物有完满结局，只要人们沿着正确的生活道路迈步，就没有大的阻碍影响我们。

属狗人的性格

属狗人与十二属相中大部分人有共同点。他们直率、诚实、为人仗义、对事公平以及勤奋好学。属狗人的活跃特点引人注目，受到异性的好感。

属狗人一般是为人坦诚、不装腔作势、好打不平并且愿意接受别人的倾诉，以分担他人的不快。因此，他们懂得怎样与人和睦相处。

如果你有一个性格直率的属狗的朋友，你可能就有这样的感受：当你遇到麻烦的时候，拨通他家的电话，也许他有抱怨，或推托你的请求，但若他知道了你的确需要他，他会毫不犹豫地前来相助。有时，属狗的人保护他人利益比保护自己的利益更好，假如有人以百偿十，他肯定是属狗的人。

属狗的人仁爱之心像他们的朋友“虎”一样，从不直接对人发火，他们对人们的某些言行举止不满时，也不会对人苛刻。他们也愤怒，但像火花闪电一样，转瞬即逝。他们生气时，肯定是面对错误，而不是嫉妒。他们的言行与别人发生冲突后，他们总是抱着解决问题态度，而绝不是记恨于心。

属狗人的眼睛与心灵都很警觉，他们愿为社会发展做出努力。

属狗人一旦决定了他们非干不可的事，也是不坚持到底誓不罢休的。幸运的是，这些人从事的事业都是高尚的，并且能获得不少的成绩，属狗人在这些事业中勤勤恳恳、忠于职守，简直是正义的化身。

简言之，属狗的人不是因循守旧的人。他们言行既朴实又精敏，很能看透人的内心，他们可以说是不挂头衔的律师，用审视的态度观察人们。但别期待他们在具体纠纷中发挥作用，因为他们那时总是采取回避的态度。属狗人也严格保护自己不受侵犯，人们与他们交往，必须获得他们充分信任。

属狗人有“愤世嫉俗”的美名，但他们的性格又有很固执的一面。实际上，恰当点说，世界上的狗既要讨人欢心又不服压抑。小狗活泼、充满活力，而大狗在东方星相学中总是被认为是既苛刻又行侠的一种动物，长期坚持维护公众利益。做防护工作的“卫兵”，肯定属于属狗人中的精华。即使他们的力量减弱了，眼睛昏花了，也仍然是忠诚的战士。他们的精神已经被这样铸成了，他们厌恶道德的堕落，不管在什么形势下都会起来与恶势力抗争，一旦什么地方出现呼救信号，他们会全力以赴。

无论属狗人是否诚实，他们都有这个特点：在内心里将人们按他们的观点划分两级，而且是两面划分，你对他们来说，或者是朋友，或者是对手，他们不相信中庸。他们同你接触，一定要弄清你是哪类人。但他们不会无根据地随意判断你，即使他们对你有些怀疑，只是对你留点心罢了。即使是性格最暴躁、最易发怒的属狗人，也不会毫无根据地给人做最后结论。但是，他们一旦对某人产生了自己的看法，那是很难使他们改变的。

只有在人们袭击他们的家庭时，他们才会真正的狂怒。属狗人工作尽力，他们认为必须如此或需要如此，否则，他也同样会懒惰。属狗人注重实践、无惧无畏且说话直爽，对每个人都能做出判断，包括他们自己。他们对那些自己不喜欢的人会表现出默不作声的冷淡态度。

出生狗年的人不大注重财钱，但他们需要钱财时，没人像他们那样具有找钱财的能力。在大多数情况下，属狗人都出生在较好的家庭中，否则他们会脱离家庭，靠自我奋斗来提高自己的生活地位。

尽管属狗人外表看起来情绪高昂，但内心世界存留着一块悲观厌世的天地。他们也会为那些不必要担心的事情而焦虑，猜想世界上每个角落都可能潜伏着危机。而有时候，他们的预感真会变成现实。

你可以相信属狗人会给你带来好主意。他们看重事实的态度，更有利于帮助那些爱吹牛皮说大话的人纠正自己的缺点。他们并非喜欢表现自己，而是出于内心的善意，他们认为有必要去判定一个人的对错，给他指出来，使他能正视自己与现实。

如果他们认为自己是正确的，就决不会向他人屈服。他们一旦决定的事，任何力量也不能影响他们。他们在同对手争辩时，通常是能用富有严谨逻辑的语言来击败对方。但当他们的冷静论辩和自我防卫受到破坏时，也会采取愤怒而激烈的抨击

手段。属狗人在与人争吵时，方式总是公开的，而从不在暗处做动作获得胜利。他们能胜任军事工作，能成为优秀的教师、律师、法官、医生或运输业的领导人，还会以和平主义观点支持和展开社会活动。

属狗的妇女是思维能力强的女性。她们穿着朴素，但喜欢漂亮、松软的发式，使她们富于表情的面庞更为生动。她们生气时会表现得坐卧不安，但大部分情况下她们体贴、关心他人，喜欢与人合作、主持公正；她们喜欢舞蹈、游泳和网球等室外活动。她是丈夫、儿女的好朋友，能听任他们充分地陈述自己的观点，对他们的去向不加阻拦。

属狗的姑娘对人热情，相貌漂亮。

属狗的女人待人和蔼，愿意慢慢地加深同人们的友谊。你在与她们接触时，可以拜访她们的家，同她们一道品茶聊天，在志趣相投中坦诚相待成为朋友。只有以此方法取得属狗的妇女的友谊和信赖，你才会成为她们的知心朋友。一旦你遇到困难，只要告知她们，就会获得她们全力以赴地帮助。

属狗的人都精力充沛，他们即便遇到自己力所不能及的事情时，也会通过自己的建议去作用于决策人。属狗人往往能清楚地看到自己处在高于别人位置上的危险，因此他们不大愿意出人头地。他们将自己的抱负埋在内心，默默地从事自己喜爱的工作。只要是责任范围之内，他们仍愿帮助他人工作。感情

生活中不像属马、虎的人那样可以疯狂地陷入爱情之中，他们默默依偎着所爱的人，给他们以极大的关怀。

属狗的人不轻易地相信人，而一旦相信就坦诚相待的性格，可以达到这样的程度：如果你试着去进攻一下那些与属狗人关系密切的人，你就会尝到属狗人对你猛烈攻击的滋味。

出生狗年的人，具有约束自己的能力，使他们也会成为顾问、牧师和心理学家。在发生危机的日子里，他会坚韧地忍受着困苦而决不怨天尤人。世界上许多圣贤与智者都出生在这充满理想的狗年。

出生于夜间的属狗人比出生在白天的属狗人爱挑衅，多与别人发生冲突，狗年任何一个季节出生的人都会生活顺利，一生中不会缺少生活必需品。

他们最不能理解的是属鸡人的性格，但冲突最大的、最不信任的是属龙的人。

属狗的儿童

属狗的儿童生性快乐、活泼，与其他孩子能和平相处，对别的孩子没什么更多要求。他们尊敬家长和其他长辈。他们自信心强，决不允许别人欺侮他们，如果受到欺负，他们会勇敢还击，争取平等地位。而你要诚心地与他们交谈，他们无瑕的

心灵容易接受你的观点。

属狗的孩子聪明、敏锐，他们可以不费多大力气就做完作业。他们爱讲道理，喜欢帮助比他们更小的孩子。

他们总要在某种程度上争得自己的独立权，做事让人放心，从不会离家太远。人们喜欢他们的幽默和热情，更喜欢公正、坦率的处事方式。当他们被逼急的时候，会奋起反抗，变得尖刻，但怒气来得快，消得也快。他们不会记恨人，从不积怨。

当他们处在消极状态时，表现出爱争吵、对人苛刻和固执偏见的态度，但一般来说，他们很随和。所以，与他们相处切莫使其感到无回旋余地，否则他们会暴怒，令你无法收拾。

如果属狗的孩子得不到赞赏或遭到冷遇后，他们会表现出冷淡的、玩世不恭的态度，对父母的要求采取抵触方式。如果经常表扬他们，鼓励他们，会使他们把事做得更好，属狗的儿童基本上是与人和谐的，因而不必哄骗或吓唬他们。

我们甚至可以在他们很年轻时就放心地交给他们一些负责的工作，或者保密性工作，这些信心很强的孩子会努力去做，他们会庄重地对待自己的秘密工作。

属狗的儿童总是细心保护自己所有的东西，家庭对他们来说永远是摆在第一位的。

属狗人的五种类型

金狗——1910 年 1970 年 2030 年

这年出生的人具有不可动摇的信念，甚至要根据自己的见解去评判法律条文中的细节。他们如果找到一种称心的工作和事业，会为此付出自己的全部力量，表现得高尚而慈悲。但他们如果被激怒，则变得冷酷无情，定将敌手打得一败涂地方可罢休。

五行中的“金”，表示不可战胜，被人称为“铁狗”。这年令人担心，因为“铁狗”年也许会非常吉利，也许会非常不利，这取决于当年趋势是向上还是衰落。

举止严谨、严于律己的属狗人在这一年更严格地要求自己，认真对待各种事情，特别能以自己的力量去完成自己的事业和对国家有利的工作。

他们有很强烈的政治观点，判断果断，绝不优柔寡断，总是有选择地站在某一方，去完成一个党派成员的使命。他们厌恶耍手腕，观点鲜明，坚持征得别人的赞同。

水狗——1922 年 1982 年 2042 年

这年出生的属狗人属于直观型。他们不轻易上当。如果是女性，一定是非常有魅力的妇女。

五行“水”影响着他们的性格，能听取别人不同的意见，但在某些庄重的场合，显得有些随便。

他们比其他属狗人更容易接近，他们对人对己要求都不大严格，易陶醉于自满自得状态之中。但毕竟是属相为狗者，所以一般情况下能够控制自己的情绪。

他们广交朋友的性情，使他们易于成为一名训练有素的辅导员、公正的法官、按法律和制度办事的工作人员。他们说话严谨，很难被人驳倒。他们运气不错，周围总有一些朋友同事们喜欢与他们一道工作。

木狗——1934 年 1994 年 2054 年

出生这年的属狗人有一副热心肠，有迷人的魅力。他们对陌生人既谨慎、又坦率，所以他们与人保持友谊关系是长久的、牢固的。他们为人忠厚、善于思考，寻求高层次的文化修养，被人们所喜爱。

五行“木”使他们拥有严谨的作风和慷慨大度的胸怀。他们在追求事业的发展过程中，当然也为金钱和成就所吸引，但他们注意不使自己陷入物质利益的圈子中去，而追求美感，追求精神价值。他们有同各界人士交往的能力，在与不同人交往时，能做到与其他人寻找共同的语言，又能够文雅自若。

他们举止有风度、精力充沛，喜欢依附于势力强大的阵营，还有些过分自信。

他们喜欢在良好的工作中起组织作用，渴望身旁有许多与

他们合作的人。当未通过团体大多数成员的同意，或未经允许他们是不会轻易承担工作的。他们应该加强个人的独立性，尽管那样做也许不太保险。

火狗——1946 年 2006 年 2066 年

这年出生的人喜欢表现，愿意引人注目，待人和蔼又有诱惑力，很得异性青睐。对于不愿做的事，他们不会在乎压力去屈从。虽然他们在公众场合引人注目，但还是十分注意自己说话的分寸，不会为任何意外而昏昏然。五行“火”使他们攻击他人时异常凶猛，常常不宣而战，言辞尖刻、激烈。

他们思想活泼、自信心强，很能说服别人接受自己的观点。独立精神与勇气支持着他们投入竞争，他们很容易为新的事业和冒险尝试所激动。他们渴求一个好榜样引导自己，愿意从更年长者那里吸取经验，以保证自己的事业、生活平稳发展。

“火”还坚定了他们的意志，纯洁了他们的意念，使他们性格外向，有力量，富于理想精神，能在努力的工作中获得成功。

土狗——1958 年 2018 年 2078 年

这年出生的属狗人多是有成效的思考者，最能提出公正无私的建设性意见，虽然举止缓慢，但做事目的性明确。他们服从于整体，对自己的信仰忠心耿耿。他们很少违背自己心中的价值天平去行事，花钱都是十分谨慎地花在最该用的地方。他们说话不多，却知道如何鼓励别人。他们心地善良道德水准高，相信自己不会失败。但他们容易做过极的事情，要求别人对他们绝对地忠诚。

他们是竞争中的强者，常能挽救事情的败局。他们勇于实践，理想性强，很少多愁善感。他们说话发自内心，很少保留。不滥用自己的权力，既不受压，也不会在获胜后压制别人。

属狗人与时辰的对应关系

子时出生——午夜 11 时至凌晨 1 时

此时出生的属狗的人喜欢钱财，尽管他们当中的人也注重精神价值，但仍是紧紧把握住自己的钱财，不轻易施舍。

丑时出生——凌晨 1 时至 3 时

此时出生的人虽粗鲁，但诚实。他们在荣誉面前无可挑剔，但非常保守，甚至执拗。他们是信念的坚定维护者。

寅时出生——凌晨 3 时至 5 时

狗与虎都代表着不倦的活力，两者相遇则会使人好动，遇事急躁，抨击他人更加激烈，但对人极有热情。

卯时出生——早晨 5 时至 7 时

此时出生的人举止适度，善于调解矛盾，做事力图避免发生争吵。

辰时出生——早晨 7 时至 9 时

出生此时的人多为理想主义者，他们最适于从事宗教事业，能当个很好的传教士，也能做一个不一般的工人。

巳时出生——上午 9 时至上午 11 时

此时出生的人少言寡语、喜欢沉思、内向、性情高傲且有很强的竞争意识。蛇会使他们正义感有所减弱，容易利用他人，靠手段达到目标。

午时出生——上午 11 时至下午 1 时

他们思维敏捷，行动迅速，会成为所有人的好朋友。有些人则见风使舵。他们给人的印象是永远无忧无虑。

未时出生——下午 1 时至 3 时

此时出生的人心肠软，多愁善感，富有同情心，可以成为艺术家。他们正直，肯定别人，对他人缺点采取不过问的态度。

申时出生——下午 3 时至 5 时

这个时辰出生的人聪明、伶俐、活泼很引人注目，做事机敏。

酉时出生——下午 5 时至 7 时

此时出生的人喜欢说教，空话多，实践少，他们喜欢说，不抓紧行动。因此，他们实现自己的目标总是需要很长时间。

戌时出生——晚 7 时至 9 时

这个时辰出生的人非常严肃，极其维护自己的利益。他们喜欢选择那些争斗性强的事业，有改革精神。

亥时出生——晚 9 时至 11 时

出生此时的人耿直、易激动。对别人要求严格而对自己则较宽容。

属狗人在其他生肖年中怎样度过

鼠年：这一年对属狗人是非常吉利的一年。他们在这一年中能获得生意上的成功，还从其他投资项目中得到额外收入。他们这一年里身体健康，但是会遇到一些家庭问题，他们的孩子会出现一些麻烦。这一年不要向外借钱。

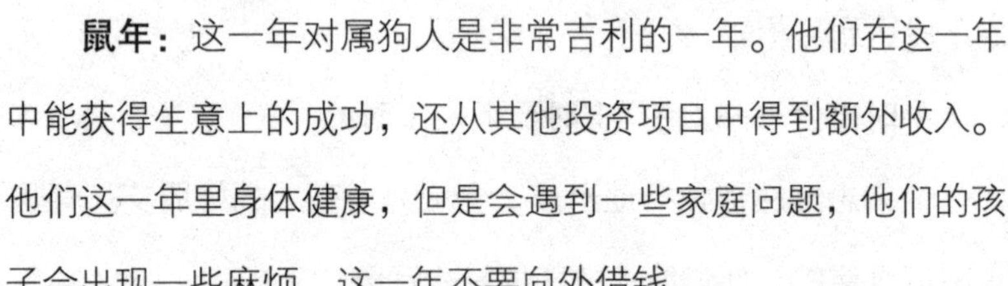

牛年：这是难以预料的一年。他们会遇到一些困难，朋友会因事业误会而与他们产生隔膜，他们的好心也会被曲解。他们应在这一年避免与人竞争。这一年里他们既要耗费精力，又要损失些钱财。

虎年：这是一个发展平缓、令人愉快的年头。家庭和工作中都不会出现大问题，这一年里虽有争吵，但无碍大局不会造成大的损失。这一年的生活有苦有乐，特别是朋友和家人会因一些事占去他大量时间。

兔年：这一年有利于属狗人施展抱负，他们可以大显身手，提高自己的地位，创造成功的机会。这一年遇到困难会较顺利地克服。

龙年：龙年对属狗人极为不利，他们需付很大力量才能维

持上年的景况，还不得不与他人争斗。人们会对他的弱点进行攻击，他们自己身体状况不佳，可能会染疾病。这一年他们应俯首屈就，或者依附于强大势力去谋生，不可独立开展自己的事务，那么他们的境况会在这年冬季发生好转。

蛇年：这一年是属狗人大吉大利的一年。他们在这年中只要努力工作，就会有大收益。他们在股票投资和其他生意上都会走红运，并能得到有权势者的资助。这是一个做事容易、家庭美满的一年。

马年：对属狗人来说，这是一个巩固和发展成绩的年头，事业兴旺、财源茂盛，是在幸运顶峰的一年。这一年家中会有些小摩擦，或损失些小物件。这年益于参加多种娱乐活动和长途旅行。

羊年：一个平缓发展的年头。这一年，他们会因一些问题而焦虑不安，但只要闭嘴巴，不发脾气，则可以防止钱财流失。总之，这是一个需要耐性、采取保守态度的年头。

猴年：是属狗人一般的年头。猴的聪明、伶俐以及机敏的特征给属狗人带来更多的灵活性，去妥善处理问题及事物。不过，猴的狡猾也会影响属狗人缺乏宏远目光，注重蝇头小利，很难完成大事业。

鸡年：鸡年对属狗人不利。这一年他们健康不佳，朋友们不愿帮助他们，他们在这一年收不回应有的钱财，不但不会推进他们的信任，而且还会有地位下降的趋势。

狗年：对属狗人来说，这是增长才干的时间。这一年不会出现健康问题，也没有其他方面的大波动。他们可以利用这一年增加知识，花时间多学习，加深修养，重新赢得别人的信任，他们将会在事业上、生活上取得进展。

猪年：这一年是平静的年头，属狗人通过自我反省后，会到得意想不到的收获，还会收入一些额外的钱财。这一年有利于他们和朋友同归于好，而且结果会像期待的那样令人满意。

不同的婚姻相配状况 12 例

狗 + 鼠

若他们有共同的兴趣和爱好，此番结合将会平稳发展。他们都明事理、待人友好也很开朗，相互之间极少摩擦，婚姻的前景是美满的。

狗 + 牛

两人都忠诚老实，严肃对待他们的婚姻，并富有责任感，他们的问题主要是由于妻子的压抑状态和固执的脾气。丈夫则喜欢无束地发表自己的见解，而这对于地位平等、无幽默感以及气量狭小的妻子就显得冗长、乏味。他们的关系需要建立在诸多理解和妥协基础上。

狗＋虎

这对配偶是天生的理想主义者，又都乐善好施。丈夫比起生机勃勃且性情刚烈的妻子显得更坦诚、憨厚。当她情绪过于冲动时，他常能给予安慰和劝说。他们各自都享受到安逸和恬静。这是一个美满、恰当的结合，能为双方慷慨、谦逊的美德增辉。

狗＋兔

能组成一个和谐、快乐的家庭。妻子富于幻想、妩媚并善于交际，丈夫豁达、爽快。他们以诚相见，都能在日常生活及应酬中获得乐趣。他们可以充分展现自己的个性而互不排斥，这样的婚姻也是天衣无缝的。

狗＋龙

各自都令对方捉摸不透，他们的爱情是建立在贬低对方基础上的，他们都想方设法压制双方。他们各自都不能顺利地依从对方的想法，这样的婚姻，充其量不过是个爱和恨的结合罢了。

狗＋蛇

丈夫头脑冷静、思想开放，但仍为妻子的巧言所迷惑。她十分敬慕他才气过人，但她更神往锦衣玉食的生活，这一点超出了丈夫的忍让度。他们缺乏相互间的了解，甚至完全摸不透对方的心思，但假如他们中的任何一个能够理解对方，他们仍能和谐地生活。

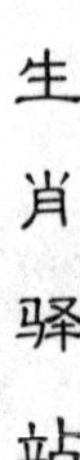

狗+马

尽管他们之间缺乏全面的理解，但仍不失为一个幸福的、富于生机的家庭。丈夫可敬、有理性，在能干的内当家的协助下，能把工作搞得极为出色。他佩服妻子对知识的渴求，而她也认为丈夫公正、重实际，可以依靠，双方都能得到他们希求的合作，并能享受各自所需要的独立性。

狗+羊

他们可能在兴趣上存在着或强或弱的抵触和冲突，故此种结合，恐怕比起他们单身度日要多一些麻烦。她的多愁善感和难以满足的欲望常激怒丈夫，使善于逻辑思维的丈夫以粗鲁和计较代替了同情和谅解。他们之间个性差异过大，难以完全协调。

狗+猴

如果两人都宽宏大量，不计较对方的弱点、瑕疵，他们的结合将可行并十分有把握。妻子赞赏丈夫那种孜孜以求的钻研精神及严谨的思维方式，他也佩服她能干、有上进心，并欣赏她机敏、幽默和逗人喜爱的天性。走中间道路，将能满足他们共同愿望。

狗+鸡

他们的夫妻关系，必将经历从冷淡到缓和，最后达到和平共处的过程。双方都有辨别是非的能力，且直率，但较挑剔，常对对方的毛病表示不满。正常情况下，他们都力求达到一致协议，但这对配偶常显示出好斗的性格，造成更固执、互不妥协。

狗＋狗

他们都是通情达理、可和睦共处的人。虽然狗太太心直口快，有时近于苛刻，但仍不失温和。两人都有坚强的性格。如果他们能相互弥补、彼此尊重，这样的婚姻不会有什么大问题，他们总是共同做出决定，而且在事先做了周密的考虑。

狗＋猪

这对夫妻在性格上的差异相当大，但仍能维持一种平等的关系。丈夫可靠，能为妻子分担一切，值得依赖。妻子温柔，当她表示爱时，对他充满柔情，使他们有共同的满足感。他们都不情愿彼此让步，但仍会分担和共享他们的一切。他们的结合将是幸福的，因为双方都无需对对方的弱点唠叨不休。

在大地的儿女中间，我的心地最善良

在爱的阳光下，我满怀信仰和忠诚

我的志向宏伟，而且无拘无束

我是——猪

猪 年

对于所有人来说都是一个有希望的年头，这一年利于做生意。人们在这一年轻松自在。总之，“猪”所拥有的殷勤、诚恳会促使人们感情更丰富，想象力更充分，这一年会很繁荣。但这一年人们也会面对机遇的频频招手，采取犹豫不定的态度。

属猪人感情丰富，在这一年能理解和同情他人。他们慷慨大方地送人礼物，甚至以自己舍财的风格和过分奢侈为自豪。在这一年，他们会因听取谗言而采取大肆挥霍的行动。也会发生滥用巨款投资的糊涂事，其他人在这一年也会因一时冲动做出不必要的慷慨举动而后悔。

猪年带给人们充分的安全感。这一年，人们生活愉快、轻松，无需竞争就可获利。人们不会遇到大障碍，猪的稳定、温和预示着这一年的平静。

这一年里，人们会参加大量社会活动和娱乐活动，开办慈善事业，人们会在充满雍容大度的气氛里广交朋友。

属猪人的性格

属猪人的性格沉稳、刚毅，心地善良、纯朴，他们能以坚忍不拔的精神，勇气十足地承担分配给人们的一切工作，并会全力以赴地把工作做好。因此，有理由充分信任他们让他们去奋斗。

属猪人在人群中属于朴实无华之列，却有着独到的见解。他们性情温顺，永远不会做置人于死地之事。

属猪人为人们所喜爱，还因为他们像属羊属兔人一样求世间平安，与人为善。当然，他们被逼无奈时也会发火，与人斗争，但他们不恨人，不暗地与人作对。

他们待人宽宏大度，对别人的错误采取既往不咎的态度。因此，总能与人保持亲切关系。他们寻求以忍耐精神来完善自己，并以这种精神坚持不懈地工作，他们是成为一个优秀教师的好材料。

他们喜欢愉快的娱乐活动，但情绪消极时，又极易沉沦。

他们一生中会持久地以忠诚、为人着想的品格待人，保持与朋友的珍贵友情。他们喜欢各种聚会，操办各种喜庆节日，或主持晚会，乐于参加各种俱乐部及协会。他们讨厌与人争执，善于调解他人的矛盾，真诚与可信确实是他们一笔宝贵的精神财富。他们待人和蔼可亲，同时希望别人容忍自己的不足。

属猪人不像属龙人那样善于迷惑他人，也不像属猴属虎人那样好蛊惑别人，更不像属蛇人那样甜言蜜语，自我陶醉，而是一点点地将他的诚实的心交付于你，使你越来越离不开他们。属猪人非常讲体面，外表堂堂，可以替人承担棘手的工作，没有丝毫抱怨。当朋友遇到危难时，他们会挺身而出。

我们可以充分信赖他们，因为他们不会搞阴谋诡计。相反，有时太诚实、天真，反倒成为狡诈的牺牲品。

属猪人的坦诚态度会赢得来自四面八方的帮助，他们不必请求支持，就会有人自愿相助。而他们若处在可以帮助别人的地位时，也绝不会袖手旁观。这种品德，使他们深受人们尊敬，同时也令他们自信。他们会不断地创造一个又一个奇迹来。

属猪人也有时发脾气，但他们不愿争吵，每当发生争执后，他们总以忍让使事情结束。因为他们要尽力同所有人和谐，又无哗众取宠、谋取私利之心。所以，他们酷爱社会工作和慈善事业。

如果世间对你不公，或当你受到致命打击时，请找个属猪

的朋友帮忙，他们会耐心听你倾诉苦衷拔刀相助。即使是你自己的错误造成的，他们也不会流露责备你的意思，你可以记住，对属猪人来说，一些复杂问题都可以简化。

属猪的女士极爱清洁，一尘不染，家中布置得井然有序，她们个性强，尊重自己，也尊重他人。她们全部能力都可以投放在令她们动荡不安的事业上，而不求任何回报，你可以通过她们令人信赖的言行得到证实。她们有一种非常高尚的胸怀，帮助人不留姓名，还会要求人保密；可以为远方的人做多年的祈祷或满怀热情为他们服务，而不让他们知晓。她们会周到地接待丈夫的朋友们，会不厌其烦地回答孩子们的问题，她们喜欢照料好自己家庭生活，并引以为乐。同她们待在一起会让人愉快，她们出现在哪里，哪里就会变得活跃。但不是说她们不会抱怨，抱怨时也会那么的温和。

属猪人较轻信别人所说的任何事情，包括那些仅有一面之交甚至陌生的人。因此他们很容易受蒙蔽。他们会因此而失去钱财。他们不宜掌管家务，因心肠太软，捂不紧钱袋。

实际上，属猪人不吝啬，喜欢同别人分享自己的所有。这样，在他们为别人付出时，他们也会从中受益。

另一方面，他们的精神世界较粗浅，不敏感，甚至对别人给他的侮辱只是不在乎地耸耸肩。他们眼光较浅，只看眼前。也许正因为这个特点，倒使他们在本应极痛苦的时候解脱出来，

属猪人从不把灾祸看得过重。

在属猪人善良的背后，隐藏着坚定的力量，只要可能，他们会坐在统治者的宝座上。只是他们瞻前顾后的弱点给自己前进途中投下不少障碍。另外，他们还缺责任心，当受到限制或感到不快时，他们可以干脆转向对手一方，去新朋友那里立功获奖。

属猪人虽表面上容易受骗，但实际上还是比人们想象的要聪明。他们懂得用容忍的态度保护自己的利益。当有人骑到自己头上，他们还会自动递上一条鞭子。当别人自鸣得意时，他却早已骑虎难下，不得脱身了。这实在是他们的一条好策略。

属猪人诚实，为自己辛勤劳作的成果而自豪，很少成为骗子或小偷。

属猪人有强烈的激情，使人们能以充沛精力和耐力进行工作，这一点令人钦佩。由于精力过人，喜欢不受限制地享受生活中所有乐趣。但当他们不能分辨这些事物的善恶是非时，便会让人利用了弱点而堕落下去，不能自拔。

诚实、纯朴的属猪人真心热爱自己所爱的人，从不掩饰自己的感情。如恋爱不能成功，受伤害的总是属猪的朋友。

他们的主要毛病是不能对自己的家庭、朋友说个“不”字，在许多事情中，总迫使别人也采取中庸态度处理问题拉不开脸面辩明对错。但事情的结局处在困难状态时，他能承担责任。

他们一生中至少会有一次破产，但最终总能将损失补回来，

总学得比过去更聪明，更勇敢。

属猪人一生勤劳，参加各项活动都十分卖力，做事总能圆满如意。他们的性格总使他们走运。

尽管属猪人有一定文化修养，但他们不属于层次很高的人，他们喜欢哲学事物外表的价值，缺少更深刻的见识。

属猪人相信宿命论，当他们一无所有时，会变得非常厌世，自我放任，由此走向沉沦的深渊。

引起他们陷入危机的境地也是由于他们过分慷慨造成的，当他们对别人提出的要求无法满足，或帮助别人时力不能及时，他们不是面对现实，而是极度的沮丧、失望。

属猪人同安静、伶俐的属兔人或举止稳重的属羊人一起，会得到幸福。同属虎人也能和睦相处。属鼠、牛、龙、马、鸡、狗的人都能与属猪人协作。只有当属猪人遇到另一个属猪人时，关系才不易融洽。属猪人最难对付的是属蛇和属猴的人，因为他们对狡猾、诡诈无能为力。

属猪的儿童

属猪的孩子依赖性强，喜欢凑群，易与人相处。常在学校的多项活动中起带头作用，他的坚忍不拔和乐于助人的品格受到好评。这些孩子在困难面前表现勇敢，从不流泪，抱怨。他们被大自然赋予强健的身体和坚强性格，能顶住痛苦，不哭鼻子。

属猪的孩子同属鼠的孩子一样，胃口很大，人们不须在他们吃饭问题上多操心，更不像属羊的孩子那样非要大人喂饱他们不可。属猪的孩子热情高，不轻易泄气，外表温和平静，而内心激情满怀，只是很难做到谨慎小心地控制自我。属猪的孩子无须像其他孩子那样，多要家长注意，当他们需要帮助时，自己会直接提出来。

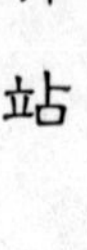

属猪的孩子没有个性意识，如果你不要求他们成为你的驯服工具，他们才会服你管理。他们寻求成功后的精神喜悦胜于他们对奖品的渴望。他们不珍惜自己所有的东西，往往会拿去白白送人。

除了他们优秀的组织能力、克服困难的勇气以及与人和善的脾气外，他们还有帮人排忧解难和抑制自己贪图吃喝的欲望等优点。

他们是能够忍受指责的孩子，能在失败中吸取经验。他们在事情发展中，总要让人们相信他们参加的必要性，会将自己的力量奉献给他们所要做的事。

他们的耐力和渴求会使人们不得不按他们的意志去做。如果想发挥他们的才干，还需严格约束他们，才会使他们优于别的孩子的特点发挥出来，因为他们自己不太严格要求自己。

他们对自己所爱之人的缺点常视而不见，无论做事对他们有利无利，他们都不会减少对所爱的人的情感。他们对朋友太忠心，也能交到真朋友。

他们充沛的精力使他们能以多种方式从事各种事情。他们的魅力能吸引其他孩子，他们出现在哪里，哪里就会成为一个小聚会。因为人们能窥视他们内心的无私和生活的热情。

属猪人的五种类型

金猪——1911 年 1971 主年 2031 年

此年出生的人感情激烈、热情，比他人更有支配力，常常制订宏大计划，常为自己的荣誉感到骄傲。但不够细致。

他们对自己的私人生活缺少节制。性格外向善于社交活动，以与人平等相处和纯洁天真的性格交友，但对朋友的估计往往过高，对敌手估计太低。他们不善严守秘密，甚至轻信他人的话。大概与他们太诚实、直率有关。

他们雄心勃勃、充满力量，对敌手常常进行猛烈攻击，是对方最害怕的“敌人”。

他们不轻易承认自己的失败，他们总企图依靠自己坚韧的毅力与人斗争，是劲头十足的实干家。

水猪——1923 年 1983 年 2043 年

这年出生的人性格坚韧，有外交能力，会成为优秀的外交使臣。他们洞悉他人潜藏的动机与愿望，在谈判中寸土不让。五行“水”使他们能认清人，总能看到别人的长处，对于有恶意的人，只要不去触及他们，他们也不在意。这种类型的人对自己的意念会热诚而坚定不移，奇迹总能出现。

他们的热情、求实精神和诚实态度，能使他们成为优秀的组织者，并坚韧地说服人们在自己的意志引导下去做。他们严守制度，并同样严格要求他人。

他们身上总是洋溢着对他人的热情，但当他们消极厌世时，却有不节俭行为。

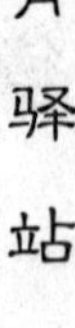

木猪——1935年 1995年 2055年

这年出生的人有能力控制他人。他们愿意将自己的大部分时间献给慈善事业。他们会是出色的社会活动组织者，履行自己对社会的责任。他们喜欢那些同他们经常保持联系的人，也乐于同他人交往。他们能很好地促进自己的经济事务。

他们心地善良，为人宽厚，对那些意义不大的小事情也非常关心，与人合作时很少挑剔。因此，也会在合作中受那些不可信的人的欺骗。

尽管如此，他们以诚心待人总能得到好报，能赢得重要的位置。

“木”使他们踏实，工作作风朴实，做事方式实际、可行。

他们是有说服力的演说家，即便在娱乐活动中，他们也能以灵巧机敏的语言制造一个和谐气氛。他们昂扬向上的精神总给人以感染，使人们不能不反省自己的弱点。

火猪——1947 年 2007 年 2067 年

五行“火”使这年出生的人具有坚强性格和力量。他们在从事工作的过程中常显示出不同凡响的英雄主义气概，他们的结局很极端，或创造出价值非常高的成果，或一落千丈，难以翻身。这取决于他们选择的道路和控制自己情感的程度。

他们勇敢无畏，坚信自己先天具有能力，从不惧怕那些吉凶未卜的事情。这种精神使他们可能在诸多不利的条件下幸运地获得成功。他们的目标很明确，不断积累财富是为自己所爱的家庭提供更优越的条件，也为帮助那些需要帮助的人。他们总以慷慨、无私、豪侠而著名。

当他们处于消极状态时，他们会凭个人意志行事，不顾忌后果。

这类人喜欢从事制造业或手工业生产活动，所以一有机会，他们愿意雇佣大批人为自己工作。

土猪——1959 年 2019 年 2079 年

这年出生的人思维敏捷、性情活泼并且爱好和平。五行“土”赋予他们实干精神，使他们肯定能出成果。他们喜欢做经济管理工作或其他对自己前途有利的工作。

他们以稳重、耐心为人称道。他们坚持不懈地做事，直至成功。他们坚强的意志支撑着他们不怕压力，勇挑重任。

他们最辛勤、吃苦耐劳，但缺少权威性，只能自己推动自己，指挥不动他人。

他们喜欢大吃大喝，也许会发胖，但他们头脑灵活，有能力解决各种问题。所以他们能使自己获得成功，也能有效地避开矛盾，得到安宁的生活。

属猪人与时辰的对应关系

子时出生——午夜 11 时至凌晨 1 时

鼠、猪结合使此时出生的人有良好的判断力，善于做经济投资的工作。他们性格比较圆滑，参加社会活动非常活跃，善于广交朋友。

丑时出生——凌晨 1 时至 3 时

此时出生的人固守旧习，靠陈规行事，“猪”内心活泼的情感受到“牛”的牵制，变得暮气沉沉。

寅时出生——凌晨 3 时至 5 时

此时出生的人具有艺术气质，能成为好演员和组织者。由于性格外向，又容易受别人影响。

卯时出生——早晨 5 时至 7 时

他们为人随和，伶俐乖巧，除了自己分内的工作，他们不会另负责任。

辰时出生——早晨 7 时至 9 时

此时出生的人强悍而具有责任心，愿意将自己的力量奉献给所爱之人。他们一生中的成功与失败几乎同等。

巳时出生——上午 9 时至上午 11 时

出生此时的人性格沉稳，工作坚持不懈，“猪”的踌躇不前的弱点得到“蛇”的弥补，增强了做事成功率。

午时出生——上午 11 时至下午 1 时

此时出生的人具有良好的气质，但有时较自私，为自己谋私利，争权力的行为是个大弱点。

未时出生——下午 1 时至 3 时

出生此时的人富于同情心，多愁善感，有时过分谦和，易受人支配。他们愿意为人效劳，待人过分慷慨。

申时出生——下午 3 时至 5 时

此时出生的人外表与人友善，内心自私贪婪，会以小聪明哄人。

酉时出生——下午 5 时至 7 时

此时出生的人散漫，爱说不爱做，喜欢独来独往。有时会固执地做一件很荒谬的事。他们十分追求自我表现。

戌时出生——晚 7 时至 9 时

此时出生的人性格直率，办事公正，说话严谨，但缺乏热情。他们不容忍欺骗行为，如果你欺骗了他们，那你就准备好他来找你算账。

亥时出生——晚 9 时至 11 时

此时出生的人，性格像块璞玉，经过精心雕琢，会成为珍品。他们优秀的品质有待人们去发掘和培养，请对他们多加关照。

属猪人在其他生肖年中怎样度过

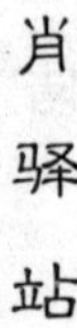

鼠年：对属猪人来说，这是一个动荡的年头，他们的工作会很不稳定，家庭生活也笼罩在不安之中，他们会推动原以为能得到的东西。尽管他们尽全力克服困难，仍会遇到不尽的烦恼。

牛年：这是对属猪人吉利的一年。属猪人的前景可观，智慧能得到施展，他们会开始自己的计划。这一年不会出现大的不安，可能会有一些风流韵事方面的纠葛，使家庭产生不和睦。

虎年：这是一个不利的多艰辛的年头，属猪人会遇到许多困难，又不得不孤身应付这些局面。这一年他们很难从别人那里借到钱，也不易讨回自己借出的钱。他们会有意想不到的开销。他们不能十分相信自己的同僚，也不能独力从事那些大的事务。

兔年：这是属猪人一般光景的年头，他们还会面临一些障碍，但多是无关大局的小麻烦。他们在这一年里会有些经济收入，他们的地位有一定提高，家庭生活趋于平稳，还会参加大量社会活动。

龙年：这将是属猪人一帆风顺的年头，他们会获得有权势者的支持，并赢得自己上司的信任。同事们也会十分敬重他们。家庭生活平平安安，但他们要注意，这一年可能有疾病，或丢失一些个人物品。

蛇年：对属猪人来说，这是激动、不平静的一年。他们会大胆进行投机生意。四处奔走做冒险尝试。他们会在竞争中取胜，也将会听到一些令人伤心的消息。可能还会同异性朋友闹矛盾。由于过度浪费，大手大脚，有可能使自己的事业有所倒退。

马年：这一年对属猪人有利。如果他们肯将自己的资产投入生意或委托给他的朋友们去投资，都会获利，以前制约他们经济发展的因素不再起作用。这一年他们的家庭及个人生活都会有交好运的兆头。

羊年：这是平稳的一年。属猪人的经济地位不会有大变化，也不会遇到疾病的缠绕，事业上无大困难。他们在这一年可以通过技能训练提高自己的能力，为将来寻求新的机会进行竞争准备条件。

猴年：这一年对属猪人来说，弊大于利。他们不时会因经济困难无援而陷入痛苦境地，不少家庭问题和个人问题也会缠绕他们。这一年的结局对他们不大有利。但他们可以通过贷款或投靠有势力的集团来克服自己的困难。

鸡年：这是繁忙的一年。属猪的家庭生活比较平稳，但事

业发展会受阻，他们不得不花费大量时间、精力去应付困境，搬掉人生旅途中的障碍。他们需要冷静地坐下来与人谈判，处理那些棘手、复杂的问题。

狗年：这一年仍不宜于属猪人施展抱负。他们在这一年渴求的愿望越强烈，结果就会越扫兴。困难会从四面八方袭来，这是由于过去的计划错误、缺乏正确判断而造成的。他们必须谨慎从事。对人的批评要有分寸，才能顺利度过这一年。

猪年：这一年中，属猪人的生活会比较稳定，他们不但有经济收益，事业上有进展的可能，他们在这一年中，还会遇到一些工作及家庭中的问题，但不会有大影响。他们在这一年可能会身染疾病，健康状况不佳。

不同的婚姻相配状况 12 例

猪＋鼠

彼此对对方有很强的吸引力，两人都力求营造一种亲密无间的气氛。他们待人友好、善于交际且精力旺盛，家庭、朋友和共同的兴趣是他们生活的中心，他们在一起举办招待会款待客人。对与他们有关的事总是主动介入，观点鲜明。两人相比，妻子更精明、强干，而丈夫则显得老实厚道些，虽有时稍表现得自私，可也能听好的劝告。

猪 + 牛

是中意的一对儿，但未必是非常美满的婚姻，他们不同的需要和习惯可酿成潜在的矛盾。通常，丈夫是温和、大度和明智的，但妻子却更多地注意丈夫肉体上的吸引力，喜欢他生活上的钱财以及对她各方面需要的关注。

猪 + 虎

是恩爱令人羡慕的一对儿，彼此都强烈的希望取悦对方。两人感情深厚、精力充沛、进取心强并能互相补充对方的不足和弱点。他和蔼可亲、明事理。而她感到丈夫忠实、有胆量以及豁达正直。

猪 + 兔

丈夫豪爽，愿为温文尔雅的妻子奉献一切。妻子睿智、开朗且精细敏锐，足以拿出部分精力机敏地帮助丈夫，为他分忧，尽管丈夫并未意识到这一点。他喜欢妻子的善良、谨慎和从不吝啬。她也对丈夫的殷勤和慷慨大方感到满意。双方都认为他们的婚姻生活很充实。

猪 + 龙

是真正成功的结合，在未来的生活中，夫妻关系将越来越好。丈夫经常以不同的形式表现出其热情而坚定的性格。以力量为象征的龙妻能促使任何婚姻发展成一种权势的争斗，并在争斗中削弱丈夫的力量。丈夫并不讨厌，为了他的爱，他甘愿做出让步。为了获得成就而赢得她的赞赏，他也不屈不挠地努力着。他们能互相体谅，在相爱中双双得到满足。

猪+蛇

情致高雅的妻子不能容忍粗线条丈夫的俗气。他感到她太复杂、太神秘。而她对于头脑简单，易轻信的丈夫来说的确是深奥莫测，难以理解。妻子那冷静和深思熟虑的态度常使他难堪。两人都很痛苦，双方的优良品质也得不到珍惜。

猪+马

两人都是快乐的追求者。广交朋友的特点在一定程度上对双方都是有益的。妻子富于想象力、足智多谋，而丈夫则可靠具有极好的品质。丈夫赞赏妻子活泼、爽快的性格，妻子则认为丈夫热心、诚实和坚韧不拔，很惹人喜爱。双方都理解互相谦让的价值。他们将会建立一个生机勃勃、互相包容的家庭。

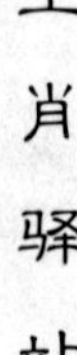

猪+羊

他们是恩爱，是亲密的一对。双方为他们的结合都做出了最大努力，给对方以深沉的爱和真切的关心。丈夫强健、豪爽，给温柔、多情的妻子以无微不至的关怀和体贴。妻子则像母亲对孩子一样照顾着丈夫，使他对她更加尊敬和仰慕。

猪+猴

这种结合夫妻相敬如宾，但缺少温情，彼此不可能被对方真实个性所吸引。丈夫与头脑复杂的妻子相比过于简单、拘泥。

妻子性格泼辣，而丈夫显得太温柔。如果他们能彼此理解，沟通思想，互补长短，这样的婚姻仍然是能成功的。

猪＋鸡

如果双方能做出适当让步，并注意培养感情，这样的婚姻是行得通的。他们的生活是会存在小的争执，如果能坦诚相见，则可以消除两人之间的分歧。丈夫诚实、善于交往，的确希求既勤勉而又具备批评家头脑的妻子的帮助。妻子能干、自尊心强，但也迫切地需要补充性情温和的丈夫的某些长处。

猪＋狗

尽管他们对待生活有不同的看法，但他们的关系仍然是友善和愉快的。丈夫彪悍、开朗也很诚实，做事喜欢彻底不半途而废。妻子则有闯劲、好斗争强。同样，宽宏大量的丈夫，常常忘记妻子那尖刻辛辣的个性，而把她看作可信任且高贵的同盟者。

猪＋猪

如果能善于辨别是非曲直，他们的关系便可相处得很好。他们身体强壮、胆量过人、谦逊、相互理解，但双方都缺乏韧性且盲目行动，不能相互弥补对方的弱点。他们中的一位必将面对现实和逆境变得冷漠、循规蹈矩，否则，他们彼此的爱和忠诚将得不到保障。

袁了凡（1533~1606），原名袁黄，字坤义，江苏吴江人。万历十四年进士，曾任宝坻县长、兵部职防司主事、军前参赞、督兵等职。袁先生博学多才，一生写下很多著作。六十九岁时，写下了这本著名的《了凡四训》，这也是他的戒子文，又称《训子文》。他用自己毕生学问和切身经历，教戒子女要认识命运的真相，明辨善恶的标准，学习改过迁善之方法，明了行善积德、谦卑虚己的道理，教导子女要积极地面对命运、改变命运，不要在命运面前退缩，要学会掌握自己的命运，所以又称《命自我立》。

这本书一方面涉及了中国传统文化中的儒释道三家之举；另一方面阐述了命运、人生的深刻认识。全书分四个部分：

第一训：立命之学。说明命运虽由自己所造，但不要被命数束缚。

第二训：改过之法。改变命运从内心开始、从小处开始，循序渐进。

第三训：积善之方。分辨善恶，积善行德，命运自然改变。

第四训：谦德之效。谦卑虚己是处世的不二之法，福运则体现在其中。

值得一提的是《了凡四训》这本书被无数高僧大德所推崇，被认为是学佛、修佛人士以及普通众人最应一读的宝书。本书特别对青少年了解中国传统文化和提高个人品格修养都有帮助，是四百年来最具特色的家训宝典、劝善之书。希望大家读后，能从内心感召验证，学习了凡先生改变命运、掌握命运的自由精神。

第一训 立命之学

余童年丧父，老母命弃举业学医，谓可以养生，可以济人，且习一艺以成名，尔父夙心也。后余在慈云寺，遇一老者，修髯伟貌，飘飘若仙，余敬礼之。

语余曰："子仕路中人也，明年即进学，何不读书？"余告以故，并叩老者姓氏里居。曰："吾姓孔，云南人也。得邵子皇极数正传，数该传汝。"余引之归，告母。

母曰："善待之。"试其数，纤悉皆验。余遂启读书之念，谋之表兄沈称，言："郁海谷先生，在沈友夫家开馆，我送汝寄学甚便。"余遂礼郁为师。

孔为余起数：县考童生，当十四名；府考七十一名，提学考第九名。明年赴考，三处名数皆合。

复为卜终身休咎，言：某年考第几名，某年当补廪，某年当贡，贡后某年，当选四川一大尹，在任三年半，即宜告归。五十三岁八月十四日丑时，当终于正寝，惜无子。余备录而谨记之。

自此以后，凡遇考校，其名数先后，皆不出孔公所悬定者。独算余食廪米九十一石五斗当出贡；及食米七十一石，屠宗师即批准补贡，余窃疑之。

后果为署印杨公所驳，直至丁卯年(1567)，殷秋溟宗师

见余场中备卷，叹曰：“五策，即五篇奏议也，岂可使博洽淹贯之儒，老于窗下乎！”遂依县申文准贡，连前食米计之，实九十一石五斗也。余因此益信进退有命，迟速有时，澹然无求矣。

贡入燕都，留京一年，终日静坐，不阅文字。己巳（1569）归，游南雍，未入监，先访云谷会禅师于栖霞山中，对坐一室，凡三昼夜不瞑目。

云谷问曰：“凡人所以不得作圣者，只为妄念相缠耳。汝坐三日，不见起一妄念，何也？”

余曰：“吾为孔先生算定，荣辱生死，皆有定数，即要妄想，亦无可妄想。”

云谷笑曰：“我待汝是豪杰，原来只是凡夫。”问其故？曰：“人未能无心，终为阴阳所缚，安得无数？但惟凡人有数；极善之人，数固拘他不定；极恶之人，数亦拘他不定。汝二十年来，被他算定，不曾转动一毫，岂非是凡夫？”

余问曰：“然则数可逃乎？”曰：“命由我作，福自己求。诗书所称，的为明训。我教典中说：“求富贵得富贵，求男女得男女，求长寿得长寿。”夫妄语乃释迦大戒，诸佛菩萨，岂诳语欺人？”

余进曰：“孟子言：“求则得之”，是求在我者也。道德仁义可以力求；功名富贵，如何求得？”

云谷曰："孟子之言不错，汝自错解耳。汝不见六祖说：'一切福田，不离方寸；从心而觅，感无不通。'求在我，不独得道德仁义，亦得功名富贵；内外双得，是求有益于得也。若不反躬内省，而徒向外驰求，则求之有道，而得之有命矣，内外双失，故无益。"

因问："孔公算汝终身若何？"余以实告。云谷曰："汝自揣应得科第否？应生子否？"余追省良久，曰："不应也。科第中人，类有福相，余福薄，又不能积功累行，以基厚福；兼不耐烦剧，不能容人；时或以才智盖人，直心直行，轻言妄谈。凡此皆薄福之相也，岂宜科第哉？

地之秽者多生物，水之清者常无鱼，余好洁，宜无子者一；和气能育万物，余善怒，宜无子者二；爱为生生之本，忍为不育之根，余矜惜名节，常不能舍己救人，宜无子者三；多言耗气，宜无子者四；喜饮铄精，宜无子者五；好彻夜长坐，而不知葆元毓神，宜无子者六。其余过恶尚多，不能悉数。"

云谷曰："岂惟科第哉。世间享千金之产者，定是千金人物；享百金之产者，定是百金人物；应饿死者，定是饿死人物；天不过因材而笃，几曾加纤毫意思。即如生子，有百世之德者，定有百世子孙保之；有十世之德者，定有十世子孙保之；有三世二世之德者，定有三世二世子孙保之；其斩焉无后者，德至薄也。汝今既知非，将向来不发科第，及不生子之相，尽情改刷；务要积德，务要包荒，务要和爱，务要惜精神。

从前种种，譬如昨日死；从后种种，譬如今日生；此义理再生之身。夫血肉之身，尚然有数；义理之身，岂不能格天。太甲曰：“天作孽，犹可违；自作孽，不可活。”诗云：“永言配命，自求多福。”孔先生算汝不登科第，不生子者，此天作之孽，犹可得而违；汝今扩充德性，力行善事，多积阴德，此自己所作之福也，安得而不受享乎？

《易》为君子谋，趋吉避凶；若言天命有常，吉何可趋，凶何可避？开章第一义，便说：“积善之家，必有余庆。”汝信得及否？”余信其言，拜而受教。因将往日之罪，佛前尽情发露，为疏一通，先求登科；誓行善事三千条，以报天地祖宗之德。云谷出功过格示余，令所行之事，逐日登记；善则记数，恶则退除，且教持准提咒，以期必验。

语余曰：“符录家有云：“不会书符，被鬼神笑。”此有秘传，只是不动念也。执笔书符，先把万缘放下，一尘不起。从此念头不动处，下一点，谓之混沌开基。由此而一笔挥成，更无思虑，此符便灵。凡祈天立命，都要从无思无虑处感格。

孟子论立命之学，而曰：“夭寿不贰”。夫夭寿，至贰者也。当其不动念时，孰为夭，孰为寿？细分之，丰歉不贰，然后可立贫富之命；穷通不贰，然后可立贵贱之命；夭寿不贰，然后可立生死之命。人生世间，惟死生为重，曰夭寿，则一切

顺逆皆该之矣。

至“修身以俟之”，乃积德祈天之事。曰修，则身有过恶，皆当治而去之；曰俟，则一毫觊觎，一毫将迎，皆当斩绝之矣。到此地位，直造先天之境，即此便是实学。

汝未能无心，但能持准提咒，无记无数，不令间断，持得纯熟，于持中不持，于不持中持。到得念头不动，则灵验矣。”

余初号学海，是日改号了凡；盖悟立命之说，而不欲落凡夫窠臼也。从此而后，终日兢兢，便觉与前不同。前日只是悠悠放任，到此自有战兢惕厉景象，在暗室屋漏中，常恐得罪天地鬼神；遇人憎我毁我，自能恬然容受。

到明年礼部考科举，孔先生算该第三，忽考第一；其言不验，而秋闱中式矣。

然行义未纯，检身多误；或见善而行之不勇，或救人而心常自疑；或身勉为善，而口有过言；或醒时操持，而醉后放逸；以过折功，日常虚度。自己巳岁(1569)发愿，直至己卯岁(1579)，历十余年，而三千善行始完。

时方从李渐庵入关，未及回向。庚辰(1580)南还，始请性空、慧空诸上人，就东塔禅堂回向。遂起求子愿，亦许行三千善事。辛巳(1581)，生男天启。

余行一事，随以笔记；汝母不能书，每行一事，辄用鹅毛管，印一朱圈于历日之上。或施食贫人，或买放生命，一日有多至十余者。

至癸未(1583)八月，三千之数已满。复请性空辈，就家庭回向。九月十三日，复起求中进士愿，许行善事一万条，丙戌(1586)登第，授宝坻知县。

余置空格一册，名曰《治心篇》。晨起坐堂，家人携付门役，置案上，所行善恶，纤悉必记。夜则设桌于庭，效赵阅道焚香告帝。

汝母见所行不多，辄颦蹙曰："我前在家，相助为善，故三千之数得完；今许一万，衙中无事可行，何时得圆满乎？"

夜间偶梦见一神人，余言善事难完之故。神曰："只减粮一节，万行俱完矣。"盖宝坻之田，每亩二分三厘七毫。余为区处，减至一分四厘六毫，委有此事，心颇惊疑。适幻余禅师自五台来，余以梦告之，且问此事宜信否？

师曰："善心真切，即一行可当万善，况合县减粮，万民受福乎？"吾即捐俸银，请其就五台山斋僧一万而回向之。

孔公算予五十三岁有厄，余未尝祈寿，是岁竟无恙，今六十九矣。《书》曰："天难谌，命靡常。"又云："惟命不于常"，皆非诳语。吾于是而知，凡称祸福自己求之者，乃圣贤之言。若谓祸福惟天所命，则世俗之论矣。

汝之命，未知若何？即命当荣显，常作落寞想；即时当顺利，常作拂逆想；即眼前足食，常作贫窭想；即人相爱敬，常作恐惧想；即家世望重，常作卑下想；即学问颇优，常作浅陋想。

远思扬祖宗之德，近思盖父母之愆；上思报国之恩，下思造家之福；外思济人之急，内思闲己之邪。

务要日日知非，日日改过。一日不知非，即一日安于自是；一日无过可改，即一日无步可进。天下聪明俊秀不少，所以德不加修，业不加广者，只为因循二字，耽阁一生。

云谷禅师所授立命之说，乃至精至邃，至真至正之理，其熟玩而勉行之，毋自旷也。

第二训 改过之法

春秋诸大夫，见人言动，亿而谈其祸福，靡不验者，左国诸记可观也。大都吉凶之兆，萌乎心而动乎四体，其过于厚者常获福，过于薄者常近祸。俗眼多翳，谓有未定而不可测者。

至诚合天，福之将至，观其善而必先知之矣。祸之将至，观其不善而必先知之矣。今欲获福而远祸，未论行善，先须改过。

但改过者，第一，要发耻心。思古之圣贤，与我同为丈夫，彼何以百世可师？我何以一身瓦裂？

耽染尘情，私行不义，谓人不知，傲然无愧，将日沦于禽兽而不自知矣；世之可羞可耻者，莫大乎此。孟子曰：耻之于人大矣。以其得之则圣贤，失之则禽兽耳。此改过之要机也。

第二，要发畏心。天地在上，鬼神难欺，吾虽过在隐微，而天地鬼神，实鉴临之，重则降之百殃，轻则损其现福，吾何可以不惧？

不惟此也。闲居之地，指视昭然。吾虽掩之甚密，文之甚巧，而肺肝早露，终难自欺。被人觑破，不值一文矣，乌得不懔懔？

不惟是也。一息尚存，弥天之恶，犹可悔改；古人有一生作恶，临死悔悟，发一善念，遂得善终者。谓一念猛厉，足以涤百年之恶也。譬如千年幽谷，一灯才照，则千年之暗俱除；故过不论久近，惟以改为贵。

但尘世无常，肉身易殒，一息不属，欲改无由矣。明则千百年担负恶名，虽孝子慈孙，不能洗涤；幽则千百劫沉沦狱报，虽圣贤佛菩萨，不能援引。乌得不畏？

第三，须发勇心。人不改过，多是因循退缩。吾须奋然振作，不用迟疑，不烦等待。小者如芒刺在肉，速与抉剔；大者如毒蛇啮指，速与斩除，无丝毫凝滞，此风雷之所以为益也。

具是三心，则有过斯改，如春冰遇日，何患不消乎？然人之过，有从事上改者，有从理上改者，有从心上改者。工夫不同，效验亦异。

如前日杀生，今戒不杀；前日怒詈，今戒不怒；此就其事而改之者也。强制于外，其难百倍，且病根终在，东灭西生，非究竟廓然之道也。

善改过者，未禁其事，先明其理；如过在杀生，即思曰：上帝好生，物皆恋命，杀彼养己，岂能自安？且彼之杀也，既受屠割，复入鼎镬，种种痛苦，彻入骨髓。己之养也，珍膏罗列，食过即空，疏食菜羹，尽可充腹，何必戕彼之生，损己之福哉？又思血气之属，皆含灵知，既有灵知，皆我一体。纵不能躬修至德，使之尊我亲我，岂可日戕物命，使之仇我憾我于无穷也？一思及此，将有对食痛心，不能下咽者矣。

如前日好怒，必思曰：人有不及，情所宜矜，悖理相干，于我何与？本无可怒者。又思天下无自是之豪杰，亦无尤人之学问；有不得，皆己之德未修，感未至也。吾悉以自反，则谤毁之来，皆磨炼玉成之地，我将欢然受赐，何怒之有？又闻而不怒，虽谗焰薰天，如举火焚空，终将自息；闻谤而怒，虽巧心力辩，如春蚕作茧，自取缠绵；怒不惟无益，且有害也。其余种种过恶，皆当据理思之。此理既明，过将自止。

何谓从心而改？过有千端，惟心所造；吾心不动，过安从生？

学者于好色，好名，好货，好怒，种种诸过，不必逐类寻求；但当一心为善，正念现前，邪念自然污染不上。如太阳当空，魍魉潜消，此精一之真传也。

过由心造，亦由心改，如斩毒树，直断其根，奚必枝枝而伐，叶叶而摘哉？

大抵最上治心，当下清净。才动即觉，觉之即无；苟未能然，须明理以遣之。又未能然，须随事以禁之。以上事而兼行下功，未为失策。执下而昧上，则拙矣。

顾发愿改过，明须良朋提醒，幽须鬼神证明。一心忏悔，昼夜不懈，经一七，二七，以至一月，二月，三月，必有效验。

或觉心神恬旷；或觉智慧顿开；或处冗沓而触念皆通；或遇怨仇而回嗔作喜；或梦吐黑物；或梦往圣先贤，提携接引；或梦飞步太虚；或梦幢幡宝盖，种种胜事，皆过消罪灭之象也。然不得执此自高，画而不进。

昔蘧伯玉当二十岁时，已觉前日之非而尽改之矣。至二十一岁，乃知前之所改，未尽也。及二十二岁，回视二十一岁，犹在梦中，岁复一岁，递递改之，行年五十，而犹知四十九年之非。

古人改过之学如此。吾辈身为凡流，过恶猬集，而回思往事，常若不见其有过者，心粗而眼翳也。

然人之过恶深重者，亦有效验：或心神昏塞，转头即忘；或无事而常烦恼；或见君子而赧然相沮；或闻正论而不乐；或施惠而人反怨；或夜梦颠倒，甚则妄言失志；皆作孽之相也。苟一类此，即须奋发，舍旧图新，幸勿自误。

第三训 积善之方

易曰："积善之家，必有余庆。"昔颜氏将以女妻叔梁纥，而历叙其祖宗积德之长，逆知其子孙必有兴者。

孔子称舜之大孝，曰："宗庙飨之，子孙保之"，皆至论也。试以往事征之。

杨少师荣，建宁人，世以济渡为生。久雨溪涨，横流冲毁民居，溺死者顺流而下，他舟皆捞取货物，独少师曾祖及祖，惟救人，而货物一无所取，乡人嗤其愚。

逮少师父生，家渐裕，有神人化为道者，语之曰："汝祖父有阴功，子孙当贵显，宜葬某地。"遂依其所指而窆之，即今白兔坟也。后生少师，弱冠登第，位至三公，加曾祖、祖、父，如其官。子孙贵盛，至今尚多贤者。

鄞人杨自惩，初为县吏，存心仁厚，守法公平。时县宰严肃，偶挞一囚，血流满前，而怒犹未息，杨跪而宽解之。宰曰："怎奈此人越法悖理，不由人不怒。"自惩叩首曰："上失其道，民散久矣，如得其情，哀矜勿喜；喜且不可，而况怒乎？"宰为之霁颜。

家甚贫，馈遗一无所取，遇囚人乏粮，常多方以济之。一日，有新囚数人待哺，家又缺米，给囚则家人无食，自顾则囚人堪悯，与其妇商之。

妇曰："因从何来？"

曰："自杭而来。沿路忍饥，菜色可掬。"

因撤己之米，煮粥以食因。后生二子，长曰守陈，次曰守址，为南北吏部侍郎；长孙为刑部侍郎；次孙为四川廉宪，又俱为名臣；今楚亭，德政，亦其裔也。

昔正统间，邓茂七倡乱于福建，士民从贼者甚众；朝廷起鄞县张都宪楷南征，以计擒贼，后委布政司谢都事，搜杀东路贼党；谢求贼中党附册籍，凡不附贼者，密授以白布小旗，约兵至日，插旗门首，戒军兵无妄杀，全活万人；后谢之子迁，中状元，为宰辅；孙丕，复中探花。

莆田林氏，先世有老母好善，常作粉团施人，求取即与之，无倦色。一仙化为道人，每旦索食六七团。母日日与之，终三年如一日，乃知其诚也。因谓之曰："吾食汝三年粉团，何以报汝？府后有一地，葬之，子孙官爵，有一升麻子之数。"其子依所点葬之，初世即有九人登第，累代簪缨甚盛，福建有无林不开榜之谣。

冯琢庵太史之父，为邑庠生。隆冬早起赴学，路遇一人，倒卧雪中，扪之，半僵矣。遂解己绵裘衣之，且扶归救苏。梦神告之曰："汝救人一命，出至诚心，吾遣韩琦为汝子。"及生琢庵，遂名琦。

台州应尚书，壮年习业于山中。夜鬼啸集，往往惊人，公

不惧也。一夕闻鬼云："某妇以夫久客不归，翁姑逼其嫁人。明夜当缢死于此，吾得代矣。"

公潜卖田，得银四两。即伪作其夫之书，寄银还家。其父母见书，以手迹不类，疑之。既而曰："书可假，银不可假，想儿无恙。"妇遂不嫁。其子后归，夫妇相保如初。

公又闻鬼语曰："我当得代，奈此秀才坏吾事。"旁一鬼曰："尔何不祸之？"曰："上帝以此人心好，命作阴德尚书矣，吾何得而祸之？"

应公因此益自努励，善日加修，德日加厚。遇岁饥，辄捐谷以赈之；遇亲戚有急，辄委曲维持；遇有横逆，辄反躬自责，怡然顺受。子孙登科第者，今累累也。

常熟徐凤竹 ，其父素富，偶遇年荒，先捐租以为同邑之倡，又分谷以赈贫乏，夜闻鬼唱于门曰："千不诓，万不诓；徐家秀才，做到了举人郎。"相续而呼，连夜不断。

是岁，凤竹果举于乡。其父因而益积德，孳孳不怠，修桥修路，斋僧接众，凡有利益，无不尽心。后又闻鬼唱于门曰："千不诓，万不诓；徐家举人，直做到都堂。"凤竹官终两浙巡抚。

嘉兴屠康僖公，初为刑部主事，宿狱中，细询诸囚情状，得无辜者若干人，公不自以为功，密疏其事，以白堂官。后朝审，堂官摘其语，以讯诸囚，无不服者，释冤抑十余人。一时辇下咸颂尚书之明。

公复禀曰："辇毂之下，尚多冤民，四海之广，兆民之众，岂无枉者？宜五年差一减刑官，核实而平反之。"尚书为奏，允其议。时公亦差减刑之列，梦一神告之曰："汝命无子，今减刑之议，深合天心，上帝赐汝三子，皆衣紫腰金。"是夕夫人有娠，后生应埙，应坤，应埈，皆显官。

嘉兴包凭，字信之，其父为池阳太守，生七子，凭最少，赘平湖袁氏，与吾父往来甚厚，博学高才，累举不第，留心二氏之学。

一日东游泖湖，偶至一村寺中，见观音像，淋漓露立，即解橐中十金，授主僧，令修屋宇。僧告以功大银少，不能竣事；复取松布四匹，检箧中衣七件与之，内纻褶，系新置，其仆请已之。凭曰："但得圣像无恙，吾虽裸裎何伤？"僧垂泪曰："舍银及衣布，犹非难事。只此一点心，如何易得。"后功完，拉老父同游，宿寺中。公梦伽蓝来谢曰："汝子当享世禄矣。"后子汴，孙柽芳，皆登第，作显官。

嘉善支立之父，为刑房吏，有囚无辜陷重辟，意哀之，欲求其生。囚语其妻曰："支公嘉意，愧无以报，明日延之下乡，汝以身事之，彼或肯用意，则我可生也。"其妻泣而听命。

及至，妻自出劝酒，具告以夫意。支不听，卒为尽力平反之。囚出狱，夫妻登门叩谢曰："公如此厚德，晚世所稀，今无子，吾有弱女，送为箕帚妾，此则礼之可通者。"支为备礼而纳之，

生立，弱冠中魁，官至翰林孔目，立生高，高生禄，皆贡为学博。禄生大纶，登第。

凡此十条，所行不同，同归于善而已。

若复精而言之，则善有真，有假；有端，有曲；有阴，有阳；有是，有非；有偏，有正；有半，有满；有大，有小；有难，有易；皆当深辨。

为善而不穷理，则自谓行持，岂知造孽，枉费苦心，无益也。

何谓真假？昔有儒生数辈，谒中峰和尚，问曰："佛氏论善恶报应，如影随形。今某人善，而子孙不兴；某人恶，而家门隆盛；佛说无稽矣。"中峰云："凡情未涤，正眼未开，认善为恶，指恶为善，往往有之。不憾己之是非颠倒，而反怨天之报应有差乎？"众曰："善恶何致相反？"中峰令试言。一人谓："詈人殴人是恶；敬人礼人是善。"中峰云："未必然也。"

一人谓："贪财妄取是恶，廉洁有守是善。"中峰云："未必然也。"

众人历言其状，中峰皆谓不然。因请问。

中峰告之曰："有益于人，是善；有益于己，是恶。有益于人，则殴人，詈人皆善也；有益于己，则敬人，礼人皆恶也。是故人之行善，利人者公，公则为真；利己者私，私则为假。又根心者真，袭迹者假；又无为而为者真，有为而为者假；皆当自考。"

何谓端曲？今人见谨愿之士，类称为善而取之；圣人则宁取狂狷。至于谨愿之士，虽一乡皆好，而必以为德之贼；是世人之善恶，分明与圣人相反。推此一端，种种取舍，无有不谬；天地鬼神之福善祸淫，皆与圣人同是非，而不与世俗同取舍。

凡欲积善，决不可徇耳目，惟从心源隐微处，默默洗涤，纯是济世之心，则为端；苟有一毫媚世之心，即为曲；纯是爱人之心，则为端；有一毫愤世之心，即为曲；纯是敬人之心，则为端；有一毫玩世之心，即为曲；皆当细辨。

何谓阴阳？凡为善而人知之，则为阳善；为善而人不知，则为阴德。阴德，天报之；阳善，享世名。名，亦福也。名者，造物所忌；世之享盛名而实不副者，多有奇祸；人之无过咎而横被恶名者，子孙往往骤发，阴阳之际微矣哉。

何谓是非？鲁国之法，鲁人有赎人臣妾于诸侯，皆受金于府，子贡赎人而不受金。孔子闻而恶之曰：“赐失之矣。夫圣人举事，可以移风易俗，而教道可施于百姓，非独适己之行也。今鲁国富者寡而贫者众，受金则为不廉，何以相赎乎？自今以后，不复赎人于诸侯矣。”

子路拯人于溺，其人谢之以牛，子路受之。孔子喜曰：“自今鲁国多拯人于溺矣。”自俗眼观之，子贡不受金为优，子路之受牛为劣；孔子则取由而黜赐焉。乃知人之为善，不论现行而论流弊；不论一时而论久远；不论一身而论天下。

现行虽善，其流足以害人，则似善而实非也；现行虽不善，而其流足以济人，则非善而实是也。然此就一节论之耳。他如非义之义，非礼之礼，非信之信，非慈之慈，皆当抉择。

何谓偏正？昔吕文懿公，初辞相位，归故里，海内仰之，如泰山北斗。有一乡人，醉而詈之，吕公不动，谓其仆曰："醉者勿与较也。"闭门谢之。逾年，其人犯死刑入狱。吕公始悔之曰："使当时稍与计较，送公家责治，可以小惩而大戒；吾当时只欲存心于厚，不谓养成其恶，以至于此。"此以善心而行恶事者也。

又有以恶心而行善事者。如某家大富，值岁荒，穷民白昼抢粟于市。告之县，县不理，穷民愈肆，遂私执而困辱之，众始定。不然，几乱矣。故善者为正，恶者为偏，人皆知之。其以善心行恶事者，正中偏也；以恶心而行善事者，偏中正也；不可不知也。

何谓半满？易曰："善不积，不足以成名；恶不积，不足以灭身。"书曰："商罪贯盈，如贮物于器。"勤而积之，则满；懈而不积，则不满。此一说也。

昔有某氏女入寺，欲施而无财，止有钱二文，捐而与之，主席者亲为忏悔。及后入宫富贵，携数千金入寺舍之，主僧惟令其徒回向而已。因问曰："吾前施钱二文，师亲为忏悔，今施数千金，而师不回向，何也？"曰："前者物虽薄，而施心甚真，非老僧亲忏，不足报德；今物虽厚，而施心不若前日之切，令人代忏足矣。” 此千金为半，而二文为满也。

钟离授丹于吕祖，点铁为金，可以济世。吕问曰：“终变否？”曰：“五百年后，当复本质。”吕曰：“如此则害五百年后人矣，吾不愿为也。”曰：“修仙要积三千功行，汝此一言，三千功行已满矣。”此又一说也。

又为善而心不着善，则随所成就，皆得圆满。心着于善，虽终身勤励，止于半善而已。譬如以财济人，内不见己，外不见人，中不见所施之物，是谓三轮体空，是谓一心清净，则斗粟可以种无涯之福，一文可以消千劫之罪，倘此心未忘，虽黄金万镒，福不满也。此又一说也。

何谓大小？昔卫仲达为馆职，被摄至冥司，主者命吏呈善恶二录，比至，则恶录盈庭，其善录一轴，仅如箸而已。索秤称之，则盈庭者反轻，而如箸者反重。仲达曰：“某年未四十，安得过恶如是多乎？”曰：“一念不正即是，不待犯也。”因问轴中所书何事？曰：“朝廷尝兴大工，修三山石桥，君上疏谏之，此疏稿也。”仲达曰：“某虽言，朝廷不从，于事无补，而能有如是之力。”曰：“朝廷虽不从，君之一念，已在万民。向使听从，善力更大矣。”故志在天下国家，则善虽少而大；苟在一身，虽多亦小。

何谓难易？先儒谓克己须从难克处克将去。夫子论为仁，

亦曰先难。必如江西舒翁，舍二年仅得之束修，代偿官银，而全人夫妇。与邯郸张翁，舍十年所积之钱，代完赎银，而活人妻子，皆所谓难舍处能舍也。

如镇江靳翁，虽年老无子，不忍以幼女为妾，而还之邻，此难忍处能忍也；故天降之福亦厚。凡有财有势者，其立德皆易，易而不为，是为自暴。贫贱作福皆难，难而能为，斯可贵耳。

随缘济众，其类至繁，约言其纲，大约有十：第一，与人为善；第二，爱敬存心；第三，成人之美；第四，劝人为善；第五，救人危急；第六，兴建大利；第七，舍财作福；第八，护持正法；第九，敬重尊长；第十，爱惜物命。

何谓与人为善？昔舜在雷泽，见渔者皆取深潭厚泽，而老弱则渔于急流浅滩之中，恻然哀之，往而渔焉。见争者皆匿其过而不谈，见有让者，则揄扬而取法之。期年，皆以深潭厚泽相让矣。夫以舜之明哲，岂不能出一言教众人哉？乃不以言教而以身转之，此良工苦心也。

吾辈处末世，勿以己之长而盖人；勿以己之善而形人；勿以己之多能而困人。 收敛才智，若无若虚，见人过失，且涵容而掩覆之。一则令其可改，一则令其有所顾忌而不敢纵，见人有微长可取，小善可录，翻然舍己而从之；且为艳称而广述之。

凡日用间，发一言，行一事，全不为自己起念，全是为物立则。此大人天下为公之度也。

何谓爱敬存心？君子与小人，就形迹观，常易相混，惟一点存心处，则善恶悬绝，判然如黑白之相反。故曰：君子所以异于人者，以其存心也。君子所存之心，只是爱人敬人之心。盖人有亲疏贵贱，有智愚贤不肖，万品不齐，皆吾同胞，皆吾一体，孰非当敬爱者？爱敬众人，即是爱敬圣贤。能通众人之志，即是通圣贤之志。何者？圣贤之志，本欲斯世斯人，各得其所。吾合爱合敬，而安一世之人，即是为圣贤而安之也。

何谓成人之美？玉之在石，抵掷则瓦砾，追琢则圭璋；故凡见人行一善事，或其人志可取而资可进，皆须诱掖而成就之。或为之奖借，或为之维持；或为白其诬而分其谤；务使成立而后已。

大抵人各恶其非类，乡人之善者少，不善者多。善人在俗，亦难自立。且豪杰铮铮，不甚修形迹，多易指摘；故善事常易败，而善人常得谤；惟仁人长者，匡直而辅翼之，其功德最宏。

何谓劝人为善？生为人类，孰无良心？世路役役，最易没溺。凡与人相处，当方便提撕，开其迷惑。譬犹长夜大梦，而令之一觉；譬犹久陷烦恼，而拔之清凉，为惠最溥。

韩愈云：“一时劝人以口，百世劝人以书。”较之与人为善，虽有形迹，然对证发药，时有奇效，不可废也；失言失人，当反吾智。

何谓救人危急？患难颠沛，人所时有。偶一遇之，当如痌瘵在身，速为解救。或以一言伸其屈抑；或以多方济其颠连。崔子曰：“惠不在大，赴人之急可也。”盖仁人之言哉。

何谓兴建大利？小而一乡之内，大而一邑之中，凡有利益，最宜兴建。或开渠导水，或筑堤防患；或修桥梁，以便行旅；或施茶饭，以济饥渴；随缘劝导，协力兴修，勿避嫌疑，勿辞劳怨。

何谓舍财作福？释门万行，以布施为先。所谓布施者，只是舍之一字耳。达者内舍六根，外舍六尘，一切所有，无不舍者。苟非能然，先从财上布施。世人以衣食为命，故财为最重。吾从而舍之，内以破吾之悭，外以济人之急。始而勉强，终则泰然，最可以荡涤私情，祛除执吝。

何谓护持正法？法者，万世生灵之眼目也。不有正法，何以参赞天地？何以裁成万物？何以脱尘离缚？何以经世出世？故凡见圣贤庙貌，经书典籍，皆当敬重而修饬之。至于举扬正法，上报佛恩，尤当勉励。

何谓敬重尊长？家之父兄，国之君长，与凡年高、德高、位高、识高者，皆当加意奉事。在家而奉侍父母，使深爱婉容，柔声下气，习以成性，便是和气格天之本。出而事君，行一事，毋谓君不知而自恣也。刑一人，毋谓君不知而作威也。事君如天，古人格论，此等处最关阴德。试看忠孝之家，子孙未有不绵远而昌盛者，切须慎之。

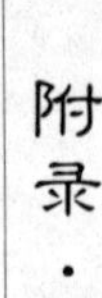

何谓爱惜物命？凡人之所以为人者，惟此恻隐之心而已，求仁者求此，积德者积此。周礼："孟春之月，牺牲毋用牝。"孟子谓君子远庖厨，所以全吾恻隐之心也。故前辈有四不食之戒，谓闻杀不食，见杀不食，自养者不食，专为我杀者不食。学者未能断肉，且当从此戒之。

渐渐增进，慈心愈长，不特杀生当戒，蠢动含灵，皆为物命。求丝煮茧，锄地杀虫，念衣食之由来，皆杀彼以自活。故暴殄之孽，当与杀生等。

至于手所误伤，足所误践者，不知其几，皆当委曲防之。古诗云："爱鼠常留饭，怜蛾不点灯。"何其仁也！善行无穷，不能殚述；由此十事而推广之，则万德可备矣。

第四训 谦德之效

《易》曰："天道亏盈而益谦；地道变盈而流谦，鬼神害盈而福谦，人道恶盈而好谦。"是故谦之一卦，六爻皆吉。《书》曰："满招损，谦受益。"予屡同诸公应试，每见寒士将达，必有一段谦光可掬。

辛未（1571）计偕，我嘉善同袍凡十人，惟丁敬宇宾，年最少，极其谦虚。予告费锦坡曰："此兄今年必第。"费曰："何以见之？"予曰："惟谦受福。兄看十人中，有恂恂款款，不敢先人，如敬宇者乎？有恭敬顺承，小心谦畏，如敬宇者乎？有受侮不答，闻谤不辩，如敬宇者乎？人能如此，即天地鬼神，犹将佑之，岂有不发者？”及开榜，丁果中式。

丁丑（1577）在京，与冯开之同处，见其虚己敛容，大变其幼年之习。李霁岩直谅益友，时面攻其非，但见其平怀顺受，未尝有一言相报。予告之曰：“福有福始，祸有祸先，此心果谦，天必相之，兄今年决第矣。”已而果然。

赵裕峰光远，山东冠县人，童年举于乡，久不第。其父为嘉善三尹，随之任。慕钱明吾而执文见之，明吾悉抹其文，赵不惟不怒，且心服而速改焉。明年，遂登第。

壬辰岁（1592），予入觐，晤夏建所，见其人气虚意下，谦光逼人，归而告友人曰：“凡天将发斯人也，未发其福，先发其慧；此慧一发，则浮者自实，肆者自敛。建所温良若此，天启之矣。”及开榜，果中式。

江阴张畏岩，积学工文，有声艺林。甲午（1594），南京乡试，寓一寺中，揭晓无名，大骂试官，以为眯目。时有一道者，在傍微笑，张遽移怒道者。道者曰：“相公文必不佳。”张怒曰：“汝不见我文，乌知不佳？”道者曰：“闻作文，贵心气和平，今听公骂詈，不平甚矣，文安得工？”张不觉屈服，因就而请教焉。道者曰：“中全要命；命不该中，文虽工，无益也。须自己做个转变。”张曰：“既是命，如何转变？”道者曰：“造命者天，立命者我。力行善事，广积阴德，何福不可求哉？”

张曰：“我贫士，何能为？”道者曰：“善事阴功，皆由心造，常存此心，功德无量，且如谦虚一节，并不费钱，你如何不自反而骂试官乎？”

张由此折节自持，善日加修，德日加厚。丁酉（1597），梦至一高房，得试录一册，中多缺行。问旁人，曰：“此今科试录。”问：“何多缺名？”曰：“科第阴间三年一考较，须积德无咎者，方有名。如前所缺，皆系旧该中式，因新有薄行而去之者也。”后指一行云：“汝三年来，持身颇慎，或当补此，幸自爱。”是科果中一百五名。

由此观之，举头三尺，决有神明，趋吉避凶，断然由我。须使我存心制行，毫不得罪于天地鬼神，而虚心屈己，使天地鬼神，时时怜我，方有受福之基。彼气盈者，必非远器，纵发亦无受用。稍有识见之士，必不忍自狭其量，而自拒其福也，况谦则受教有地，而取善无穷，尤修业者所必不可少者也。

古语云：“有志于功名者，必得功名；有志于富贵者，必得富贵。”人之有志，如树之有根，立定此志，须念念谦虚，尘尘方便，自然感动天地，而造福由我。

今之求登科第者，初未尝有真志，不过一时意兴耳；兴到则求，兴阑则止。孟子曰：“王之好乐甚，齐其庶几乎？”予于科名亦然。